Tu mì'appartiens

Loulou Toubron

Contents

Prologue

Fuit autant que tu le pourras. Mais je te trouverais qu'importe où tu te trouves, je te trouverais et tu m'appartiendra... même si c'est déjà le cas.

- NON!

J'étais en sueur dans mon lit, le souffle saccadé, apeuré, ne pouvant plus réfléchir à rien.

- C'est fini, ma petite , c'est fini. Ce n'était rien d'autres qu'un petit cauchemar. D'accord?

Elle me tenait dans ses bras tel un enfant. Aucun autres bras à part les siens ne pouvaient me calmer et cela depuis mon enfance.

- Je...

- Rendors toi maintenant ma puce, sinon tu risques de réveiller les autres.

- Ma... Je... je suis...

- Je sais, mon enfant. Dors maintenant, le jour ne s'est pas encore levé. Demain est un jour important.

Elle tenais dans ses mains un petit linge mouillé qu'elle tapotais doucement sur mon front.

- D'accord...

Je me remis doucement dans mon lit, mais avant que le sommeil ne m'emporte j'avais eu le temps de réfléchir à ce cauchemar qui était devenu très récurent ces temps-ci. Toujours le même. Je m'enfonçais en courant de plus en plus profondément dans une sombre forêt et quelque chose me pourchassait, cependant je ne le voyais jamais. La seule chose que je savais de lui était sa voix qu'aujourd'hui j'aurai pu reconnaître par millier d'autres, elle me disait toujours la même chose: Fuit autant que tu le pourras. Mais je te trouverais qu'importe où tu te trouves, je te trouverais et tu m'appartiendra... même si c'est déjà le cas. Et ça se finissait ainsi, alors que je tombais dans un gouffre et que la peur me submergeais de savoir qu'une nouvelle fois quelqu'un voulais que je lui appartienne.

Chapitre 1

S asha

Je me regardais dans le miroir et admirais la catastrophe de cette nuit. J'avais d'énorme cerne, et mon teint était très pale. Et s'il n'y avait que ça. Je suis aussi très maigre, mais cependant je ne ressens pas le besoin de manger. Mes cheveux normalement blond châtain sont là presque brun à cause de la saleté. Que vous voulez que je vous dise, économie d'eau. Pas le temps de m'apitoyer sur mon état physique, de toute façon ce n'est pas le plus important, les enfants le sont bien plus.

- Sasha dépêche toi de descendre, les enfants attendent!

Je me regarde une dernière fois dans la glace et enfile mon t-shirt.

- J'arrive!

Elle sait pourtant bien que cette nuit n'a pas été la meilleur de ma vie, d'ailleurs la maison entière le sait. Comme toujours de toute façon. Lorsque je fais un cauchemar, je ne suis absolument pas discrète, si bien que je réveille l'entièreté de la maison. Je peux crier et même hurler, pleurer, me tordre dans tous les sens, tomber de mon lit... bref personne ne peux continuer de dormir et personne ne peux dormir dans mon lit au risque d'être blesser, ce dernier ne déplaît pas vraiment, mais c'est assez embêtant quand c'est autre enfant qui fait un cauchemar et que je dois rester avec lui toute la nuit pour le rassurer, je ne peux pas dormir. Je m'en voudrais tellement de les blesser. Je m'en veux déjà assez de les réveiller chaque nuit.

Je descends les escaliers en faisant bien attention de ne pas glisser, il se peut que je sois assez maladroite. Je me rends dans la cuisine pour prendre une pomme en passant, qui sera sans doute mon seul mon repas avant ce soir, et je me dirige ensuite vers l'entrée en prenant mon sac au passage. Alors que je m'apprêtais à partir pour l'école des petits monstres comme j'aime les appeler, Ma (surnom de Mathilda) m'attrape le bras et me met un peu d'argent dans ma main. Bien entendu je ne veux pas le prendre et lui redonne immédiatement.

- Prends le. Je m'en voudrais que tu ne puisse pas encore manger ce midi. Ma petite, tu es déjà si maigre.

- Je n'en ai pas besoin. Ça me va très bien de ne pas manger le midi, j'y suis habituer. Tu n'as pas à t'en vouloir pour ça . Il sera plus utile pour faire les courses et donc pour le repas d'un autre enfant qui lui en a vraiment besoin alors que moi je peux m'en passer.

- Mon enfant, j'imagine que je ne pourrais pas te faire changer d'avis.

Comme chaque matin depuis cinq ans.

- Exactement.

- Sasha on va être en retard! On l'était déjà hier et avant hier! Grouille toi!

Je me retourne pour voir qui m'appelle, et c'est bien sûr Jessica la seule autre adolescente de la famille que nous formons sans compter moi et Isaac qui lui est encore entrain de dormir car il ne commence qu'à partir de 10h, le chanceux.

- J'arrive, Jessica! Une seconde! Tu n'as qu'aller au collège toute seule pour ne pas arriver en retard. J'accompagnerais seule les autres monstres à l'école. Je dois y aller Ma.

- Une dernière chose.

- Hum...

Elle posa ses mains fatigués autour de mon visage comme elle l'habitude de le faire.

- Ma petite, tu aurais pu faire un effort aujourd'hui.

De quoi est-ce qu'elle me parle encore, faire un effort?

- Pourquoi? Je suis comme d'habitude.

C'est-à-dire un vieux jean tout abîmé, un t-shirt à manche longue des plus banales et un gilet encore plus banale qui lui est extrêmement abîmé, sans oublier des vieilles baskets au semelle trouer. Aucun bijou, et pas de maquillage, de toute façon il me faudrait limite un port de peinture pour cacher mes cernes.

- Un alpha vient dans ton lycée aujourd'hui, tu n'as pas oublier? Il cherche son âme-sœur. Ce serait bien que tu...

- Et pourquoi cela devrait-il m'intéresser ?

Elle recommence... déjà l'année dernière elle m'en avait parlé quand un bêta cherchait son âme-sœur, ce qui me fait penser qu'il n'est resté même pas une seconde dans le gymnase alors qu'on l'attendais depuis une heure. A peine était-il rentré qu'il était ressorti, toutes le filles avaient été déçu, bien sûr toute sauf moi. Ça été le centre de toute les conversation pendant toute une semaine et toute l'année on en a entendu parlé, c'était barbant à la fin. J'imagine qu'on peut les comprendre, il se passe rien d'intéressant dans cette petite ville.

- Sasha, ça serait ta chance que tu sois enfin en sécurité! Je suis sûr qu'il te protégerais et...

Je retire violemment ma main de la sienne.

- MA! Je suis très bien ici!

Je sais qu'elle n'a pas l'habitude que je lui crie dessus et moi non plus d'ailleurs. Je n'aime pas le faire. Ça la blesse énormément, mais elle sait que ce sujet est très sensible. J'ai très peur d'être l'âme-sœur d'un loup. Je ne le veux pas, je tiens à ma liberté et on a besoin de moi ici, je ne peux pas les laisser tout seul, ils ne surviraient pas sans moi. Sauf que Ma, n'est absolument pas d'accord et elle pense que ça serait une grande opportunité pour moi. Je prends une grande inspiration pour me calmer.

- Je ne veux plus en parler. J'y vais sinon on sera vraiment en retard.

- Qu'est-ce que ce serait bien d'être l'âme-sœur d'un alpha...

Je la vois soupirer d'envie. C'est exaspérant. Qu'est-ce les filles peuvent bien trouver à ces bêtes monstrueuses ?

- Tais toi Jessica! Tu ne sais pas de quoi tu parles et puis tu n'étais pas censé par partir avant nous?

- Et te laisser galérer à amener tous ces petits monstres à l'école?

Je l'aime bien Jessica, malgré le faite qu'elle a 13 ans, elle est déjà très débrouillarde pour faire ou ne pas faire ce qu'elle veux ou ne veux pas. Et je crois savoir pourquoi, elle tient ce matin à m'accompagner.

- Dis le. Tu veux juste être en retard pour rater l'interro de maths?

- Absolument pas! Voyons Sasha tu me connais?

Je lui ébouriffe ça petite tête mais je ne peux pas lui en vouloir, elle déteste les maths ce que je peux comprendre même si moi je n'ai aucun problème avec cette matière ni avec aucune autre d'ailleurs. J'aime l'école et pouvoir étudier. Je sais que c'est une grande chance pas comme certains qui n'en n'on rien à faire.

- C'est ça. Faut qu'on se dépêche je dois pas être en retard. Sinon ça serait la honte. Imagine j'arrive dans le gymnase et ils sont déjà tous là!

- Alors courrons!

August

Non, laisse moi.!Je t'en prie... Je t'en supplie, laisse moi... je ne veux pas t'appartenir...

Encore et toujours ce même rêve. Je suis dans une sombre forêt et une inconnue court devant moi alors que j'essaye désespérément de la rattraper sans même savoir pourquoi je le veux. Je ressens tout d'elle, sa peur, mais aussi son cœur battre, et son sang coulé dans ses veines. Ensuite quand je la rattrape, tout devient noir, et je me réveille en sueur avec une seule chose en tête de magnifique yeux bleus. Depuis un mois, elle apparaît dans mes rêves et dans mes pensées. D'après mon père cela veux dire que la femelle qui m'est destiné a fêté son 17ème anniversaire, celui de la révélation. C'est ce jour là que les humains sont appelés, la plus part du temps sans le savoir, à devenir l'âme-sœur d'un loup ou du louve. Les loups n'ont pas de jour de la révélation, en tout cas pas le même. Chaque loup qui vient au monde, a une âme-sœur ce qui est différent des humains. Nous nous avons une sorte de signal que nous recevons quand notre âme-sœur est prête. Pour moi ça été son apparition dans mes rêves. Je me suis donc mis à sa recherche avec l'un de mes bêta, Jacob et une louve du nom de Célestine. Lui c'est comme mon frère et elle est c'est... compliqué. En réalité je ne veux pas vraiment trouver mon âme-sœur, je m'en sortais très bien sans elle. J'accomplissais mes devoirs d'alpha et donc de chef de meute sans aucun problème, puis quand j'avais besoin d'assouvir mes désirs de mâle, j'avais Célestine qui se laissait faire puisque d'après ses propres dires j'étais le meilleur coup. C'était facile avec elle, on était en couple mais je pouvais aller voir ailleurs et elle aussi. C'était une sorte de compromis entre nous et je m'en contentais. Mais depuis que les rêves ont commencé le loup en moi a réclamé mon âme-sœur. Je n'ai donc pas eu le choix et je me suis mis à la recherche de ma femelle. Au début nous sommes partis vers l'est mais après quelques semaine a visité des lycées sans aucun signe de ma futur compagne nous avons décidé de changer de direction et d'aller vers le nord. Dès que nous avons prit cette direction, j'ai senti que c'était le chemin. C'est d'ailleurs assez troublant de me dire que depuis tout ce temps, elle était si près de moi. Pour certain leur âme-sœur se trouve à l'autre bout de la planète et il leur faut des années pour la ou le trouver. Moi j'ai la sensation qu'on touche au but. J'espère qu'elle ne sera pas trop compliquée, beaucoup des âme-sœurs sont retissant à l'idée de tout abandonner pour une personne qu'il ne connaisse pas. Mais nous n'avons pas le choix quand nous trouvons notre compagne, nous ne pouvons plus être séparer d'elle sous peine d'être très affaibli ou même de mourir.

- August? Tu m'écoutes?

Qu'est-ce qu'elle me veut, encore ? Depuis qu'on est parti elle n'arrête pas de faire chier le monde.

- Non.

C'est la vérité je ne l'écoutais pas du tout, j'étais concentré sur autre chose. Ça peux se comprendre, non? Je m'apprête à rencontrer la femme qui va partager le reste de ma vie. Bon le léger problème c'est que ça sera une adolescente de 17ans alors que moi j'ai déjà 27ans.

- Elle te disais que nous étions arrivé. Le proviseur du lycée a réuni tous les élèves dans le gymnase du lycée. Ils n'attendent que toi.

Elle devait sans doute dire autre chose car elle lance un regard noir à Jacob. Ces deux-là se déteste. Je me demande encore pourquoi je les ai choisi pour m'accompagner. Ah oui car ils ont il reçu un signal comme quoi son âme-sœur était prête. Et elle c'est parce qu'elle est mon assistante au boulot. D'ailleurs je crois comprendre que c'est le fait que je vais chercher ma femelle qui fait que Célestine est chiante c'est qu'elle est comme moi, elle ne veut pas que je trouve mon âme-sœur.

- Merci, Jacob. Deux secondes.

Il referme la portière. Je prend une grande respiration et sors de la voiture.

- Allons-y.

A peine avais je mis mon pied dehors, j'avais senti qu'elle était là, qu'elle m'attendais.

*****

Chapitre 2

A ugust

Pas là. Elle n'était pas là. Je suis dans une colère noir. Comment se fait-il que mon loup se soit trompé? En faite je sais au plus profond de moi qu'elle devrait être là; je sens son odeur partout autour de moi. Il se peut qu'elle soit malade aujourd'hui ou qu'elle a eu un empêchement. J'en sais rien et ça m'énerve à point. Ni Jacob ni Célestine ne comprennent ce qu'il m'arrive, mais je m'en fous. N'ai pas envie de leur expliquer et de toute façon moi même je me comprends plus. Entre mes mains se trouvent le proviseur que j'ai coincé contre la porte du gymnase même pas une seconde après être rentré dans le bâtiment, et il a grand intérêt à me dire qu'il lui manque une élève et de me dire vite son adresse s'il tient à la vie.

- Monsieur le proviseur je ne suis pas connu pour avoir une grande patience. Manque-t-il une élève?

- Je... sais pas. Je ne connais pas tous les élèves.

Je renforce ma prise sur son costard de bas étage. Il m'énerve à rien savoir; c'est pas son bahut? Ils font pas l'appel ou un truc du genre? Il reste qu'à demander aux profs qui sont complètement affolés par la situation en même temps je peux les comprendre je dois avoir l'air d'un fou.

- Est-ce que un prof ici présent pourrait me dire s'il manque une élève?

Je dois franchement avoir l'air d'un sadique à les regarder comme ça.

- Euh... oui.

Une petite brune mal habillé s'avance vers moi alors que je sens qu'elle est apeuré et une part de moi aime ça et s'en réjouit même un peu.

- Qui!

Dépêche toi de me répondre, brunette je perds patience.

- Sasha... Sasha Light. C'est mon élève, elle est tout le temps en retard elle ne devrait pas tarder...

- Parfait. Nous allons l'attendre.

10min que j'attends comme un con dans cette cours de récré assis sur un banc en face de la grille. Et je commence franchement en avoir marre. En plus je suis l'attraction principal aujourd'hui puisque tous les élèves et professeurs sont autour de nous ou entrain de regarder par les fenêtres de l'établissement. Combien de fois faut-il que je le dise? Je ne suis pas patient! Sauf qu'il y a différence par rapport à tout à l'heure je sens que je pourrais l'attendre des heures parce que c'est elle que j'attends. Mais bon sang qu'est-ce qu'il m'arrive? Une chose pourrai me faire partir, j'entends toutes les conversations de toutes les personnes présentes dans ce bahut ce qui m'agace profondément.

- Imagine c'est elle?

- Mon Dieu, le pauvre. Elle est complètement timbrée cette fille.

- En plus elle est aussi maigre qu'un clou alors que lui est très imposant et super beau gosse!

- Je le plains franchement si c'est elle, parce qu'en plus d'être maigre elle est laide et pue.

Garce.

- C'est elle...

Soudain la prof qui m'avait dit qu'il manquait une élève montre du doigt le portail d'entrée. C'est là que je la voie pour la première fois.

Une jeune fille au cheveux brun se trouve en grande discussion avec le gardien de l'école. Elle a le sourire au lèvre et semble ne pas du tout se rendre compte qu'elle est le centre d'attention d'une centaine de personnes. A coter de toutes ces garces, elle rayonne de beauté et d'innocence. Je sais que c'est elle, mon âme-sœur, je l'ai senti. A l'intérieur de moi, mon loup hurle de joie et est tout excité et surtout impatient, j'ai bien du mal à le contrôler. Je le comprends, elle est magnifique. Sasha Light... étrange nom pour une si belle fille.

- Aller! S'il te plaît Harry. Laisse moi rentrer, je suis déjà assez en retard comme ça.

Sa voix est si belle, si harmonieuse, si aucun mot ne pourrai réussir à réellement la décrire tellement elle est belle. Si les sirènes existaient elles auraient sans doute sa voix.

- Et qu'est que j'aurai en échange, princesse?

D'un coup mon loup n'est plus aussi heureux.

- Un gâteau au chocolat de la part de Ma?

- Allez ça va. Passe par là mais je te rappelle que tu m'en dois déjà 6!

- Merci Harry, je t'en apporte un demain!

Elle lui fait un bisou sur la joue. Je sais que c'est absolument pas rationnel car ce dénommé Harry doit bien avoir 70 ans mais j'ai envie de le tuer lentement en lui arrachant la tête. Je me lève de ce banc au bois pourri et me dirige vers la loge. Quand elle en ressort elle est plongé dans un cahier et ne fait pas gaffe à ce qu'il y a devant elle. Elle est mignonne. Elle est tellement absorbée par son devoir, qu'elle ne me voit pas et me rentre dedans.

- Oh... pardon je suis dé...so...lé...

Pour la première fois je vois pour de vrai ses magnifiques yeux bleu. Je n'ai pu contempler auparavant que dans mes rêves et je suis si heureux de pouvoir les voir pour de vrai. Leur couleur me rappelle celle du ciel pendant les plus jours d'été . Je ressens une sensation de plénitude pour la premier fois de ma vie, et une décharge électrique me traverse la colonne vertébrale.

- Magnifique. Alors comme ça c'est toi ma...

J'essaye de mettre ma main sur son visage. Mais elle me l'a bloque d'une main.

- Non... non... NON!

D'un coup elle me pousse en arrière. Et fait tomber son sac et son livre. Sans avoir le temps de dire quoi que ce soit je la vois escalader ou plutôt voler par dessus le portail et s'enfuir en courant. Si je m'at-tendais à ça, je sais que des fois les femelles prennent peur et s'enfuient mais de la à sauter par dessus un portail et le repousser ainsi. Ça va être très drôle. Que le chasse commence... Tu n'as pas idée de qui je suis. Tu as réveiller le loup, ma belle...

Sasha

Ce n'est pas possible. Pourquoi a-t-il fallut que ça tombe sur moi. Je ne veux pas être la femme d'un loup. Ils sont extrêmement possessif et imbus d'eux même, ils refusent qu'on leur dise non et pensent que tout leur est acquis et leur appartiens. Je ne veux pas appartenir à quelqu'un, je veux rester libre. Je veux garder la liberté que j'ai si durement acquis. Alors je cours les larmes au yeux le plus vite possible vers la maison espérant lui échapper et ne me préoccupant de rien d'autre que de ça. Je passe la grille de la maison, essoufflée, et je tente d'appeler Ma, malgré mon manque de souffle .

- Ma... Mathilda!

Elle arrive en s'essuyant les mains sur son tablier rouge et troué.

- Qu'est-ce qu'il y'a... Sasha? Qu'est que tu fais là?

Soudain j'ai un flash et me rends compte de la situation dans laquelle je suis et je suis pétrifiée de peur. Non, ce n'est pas possible! Je ne veux pas!

- Je ne veux pas! Ma tu m'entends, je ne veux pas lui appartenir!

Elle ne doit rien comprendre mais je suis à bout, je pleure tellement et je n'ai pas le temps de tout lui raconter. Je n'ai qu'une idée en tête m'enfuir le plus loin et le plus vite possible.

- Je ne comprends rien. Parle plus doucement.

Je n'en peux plus. Je suis épuisé d'avoir autant courus, et de...tout, je suis épuisée par la vie qui s'acharne contre moi. Je suis si faible.

- C'est... moi,... l'âme sœur... qu'il... recherche... c'est moi...

Je me sens tomber. Je n'ai plus la force de tenir debout.

- SASHA!

Je sais qu'elle est là à coter de moi, je l'entends je la sens aussi. Ça me réconforte un peu mais plus autant qu'avant et c'est encore plus effrayant.

- ISAAC! Viens ici! Tout de suite!

Puis soudain je me sens partir. Il n'y a plus rien autour de moi. A part sa voix à lui.

Tu vois, je t'ai trouvée...

August

La chasse n'a pas été très compliqué finalement, je suis un peu déçu. J'ai senti son odeur aussi facilement que si elle était un gros ours des montagne. Nous voilà donc à l'écart de la ville devant une grande maison certes, mais très abîmé qui donne l'impression qu'elle va s'écrouler au moindre coup de vent un peu trop brusque. J'arrive à sentir très fortement son odeur ici, tout est imprégné d'elle même si je sens beaucoup d'autre odeur. Je sais qu'elle est là, mon loup me le hurle une nouvelle fois.

- Je vous attendais.

Tiens je ne l'avais pas remarqué. Qui est-ce? Je sens l'odeur de ma femelle sur elle.

- Et puis-je savoir qui vous êtes?

- Mathilda Light.

Ça doit être sa grand-mère car il est impossible qu'une dame de cet âge soit sa mère.

- La mère de Sasha.

Quelques choses cloche. Habituellement les personnes d'une même famille ont une odeur très proche, surtout entre parent et enfant.

- Où est-elle?

Pour le moment ce n'est pas le plus important cette histoire d'odeur.

- Ici.

- Parfait. Je suis désolé de vous le dire comme ça, mais Sasha va venir avec nous. Vous n'avez pas le choix.

- Mon petit, je ne suis pas né de la dernière pluie. Je le sais depuis un mois que vous alliez venir. Avant que vous ne la preniez, j'aimerais discuter un peu avec vous, si ça ne vous dérange pas?

Elle doit sans doute vouloir faire diversion pour que sa fille puisse partir, mais en même temps je me dis que discuter avec cette femme pourrait être bénéfique vu qu'elle a élevé mon âme-sœur.

- Aucun problème.

Je me retourne vers mes deux compagnons.

- Vous deux vous restez dehors pour vérifier que la fille ne s'enfuit pas. C'est clair.

Ils acquissent d'un signe de tête discret. Je me dirige donc à l'intérieur de la maison. J'ai la surprise de découvrir que deux tasses de thé sont déjà servis.

- Comment...

- Je vous l'ai déjà dit. J'attendais votre visite, d'ailleurs permettez moi de vous dire que vous en avez mis du temps pour venir. Je n'aime pas voir ma petite souffrir comme ça.

Elle est étonnante cette petite dame aux cheveux gris et aux rides très marqués.

- Comment vous saviez que j'allais venir?

Cette question me trotte vraiment dans la tête.

- Depuis son anniversaire, elle fait des cauchemars chaque nuit. J'ai fait le rapprochement entre ça et son 17 ème anniversaire, jour pour nous humaine de la révélation si on est destiné à un loup.

Étonnant qu'une humaine sache ce genre de chose.

- Comment savez vous tous ça? Rare sont les humains à le savoir.

- J'ai été élevé dans une meute, même si je suis humaine.

Intéressant. Je garde ça dans le coin de ma tête pour plus tard.

- De quoi vouliez vous parler? Je n'ai pas beaucoup de temps, je suis parti depuis déjà un mois.

- Je voulais vous mettre en garde, mon petit. Ça va être dur. Sasha a un dur passé et elle tient par dessus tout à sa liberté si durement obtenus. Je sais, je le sens vous pouvez réussir à percer la carapace qu'elle s'est forgée au fil du temps. Je ne vous cache pas que cela va être dur et prendre du temps. Vous devez prendre soin d'elle. Elle va vous repousser, mais il ne faudra pas abandonner une seule fois sinon vous la perdrez à jamais et vous souffrirez tous les deux.

Ça promet.

- Je ne suis pas patient.

- Eh bien il vous faudra le devenir! Pour elle.

Eh bien qu'est-ce qui lui arriver dans le passé pour que ça soit si compliqué de l'approcher.

- Qu'est-ce qu'elle a vécu?

- Ce n'est pas à moi de vous le raconter elle le fera que quand elle le voudra et si un jour elle en a envie. Ça tient qu'à vous de lui montrer qu'elle pourra avoir assez confiance en vous pour vous raconter son histoire. Car c'est cela qui sera le plus compliqué, gagner sa confiance sera le plus grand des obstacles. Et garde à vous de la trahir ou pire car je vous jure qu'elle vous le fera payer.

Oh j'ai peur. C'est pas une humaine qui va blesser un loup ou encore moins un alpha comme moi.

- Ma elle dort. Elle est épuisé... Ah! Bonjour, ça doit être vous son âme-sœur.

Un garçon au cheveux blond très clair presque blanc et au teint assez pâle descends de l'escalier de l'entrée. Il n'a pas l'air franchement d'être très âgé. Mon loup recommence à s'énerver, l'idée que ce garçon est approché de ma femelle le met très en colère .

- Et toi qui es-tu?

- Son frère, Isaac.

- Tu n'as pas son odeur.

- Oh je ne voulais pas dit. J'ai adopté Sasha et Isaac ici présent, ainsi que tous les autres enfants qui vivent ici.

Ça explique beaucoup de chose. Je suis légèrement soulagé, une part de moi était en alerte, repérant le moindre geste suspect. Mais je garde aussi ce détail en mémoire pour plus tard.

- Je te souhaite bon courage, tu vas en avoir besoin avec elle, tu vas en baver. Ma j'y vais j'ai cours. Ça va être là folie au bahut, les meufs vont me sauter je pourrais peut-être en chopé une. A plus mec.

- Isaac! Tu es désespérant...

Intéressant ce Isaac.

- Il n'a pas l'air d'être très choqué que j'emmène sa sœur.

- Vous savez je crois que mon garçon a compris lui aussi depuis longtemps qu'elle allait partir. Lui non plus n'est pas né de la dernière pluie.

Ça aussi je le note dans le coin de ma tête.Bon assez parlé.

- Je veux la voir.

- Suivez moi. Attention dans les escaliers, ils sont glissant.

Depuis que je suis rentré dans cette maison je m'interroge sur quelques choses. Elle me semble triste alors qu'elle accueille des enfants.

- Dites moi pourquoi il n'y a pas de photo ici et aucune décoration.

- Nous n'avons pas d'argent. Nous n'avons pas les moyens d'acheter un appareil photo ou de décorer, nous n'avons que l'essentiel. Nous avons à peine de quoi nourrir tout le monde, alors pourquoi dépenser l'argent dans des choses inutiles. Je dois vous avouer que j'aimerais quand même bien avoir un album photo de mes petits, mais Sasha si oppose.

- Vous êtes combien dans cette maison?

- Nous sommes treize au total. C'est sa chambre, c'est la seule avoir sa chambre à elle toute seule.

- Et pourquoi donc?

Ou pourquoi me dites vous ça. Je m'en fous.

- Vous le découvrirez bien assez tôt mon petit.

Surtout si c'est pour faire des mystères.

Elle ouvrit la porte devant moi et c'est là que je pus l'observer réellement pour la première fois.

- Mon Dieu... elle est si...

- Maigre?

- J'allais dire belle mais c'est vrai qu'elle est très maigre. Elle a la peau sur les os, pourquoi?

La voir comme ça me met en colère. Elle dit être sa mère mais pourtant elle l'a laisse être dans cet état? Et je parle pas de ses vêtements. Note à moi: l'envoyer faire du shopping avec les autres louves.

- Ça aussi vous le découvrirez bien assez tôt... Ne vous méprenez pas, j'ai tenté de l'aider.

- Eh bien à ce que je vois vous avez échoué.

Je la vois tiquer sur cette dernière phrase. J'ai du la blesser, mais elle ne réponds pas et prends une gorgée de thé.

- Elle voulait s'enfuir mais vous imaginer bien que vu son état, courir lui a pris beaucoup d'énergie. Comme elle n'a mangé qu'une pomme ce matin, elle s'est évanoui devant la maison. Isaac l'a monté dans sa chambre pendant que je préparais le thé en vous attendant.

- Je crois qu'il est temps pour nous de partir.

- Laissez moi lui préparer ses affaires.

Je prends Sasha dans mes bras le plus doucement possible et descends en attendant la vieille en bas. Mon loup est enfin calmé, l'avoir dans mes bras est réconfortant et agréable. Je rêve que d'une chose, mettre ma tête dans son cou pour pouvoir sentir encore plus intensément son odeur. Je crois bien que je pourrai en devenir accro.

- August, personne n'est sorti a part un gosse de pas plus de 14 ans. Oh...

Il remarque enfin que je la tiens dans mes bras. Et s'il se dit être fort? Il n'a pas réussie à la détecter.

- Alors c'est elle?

Je sens dans le ton de la voix de Célestine beaucoup de mépris. Je vais passer outre. J'imagine que ça doit être compliqué à gérer pour elle, mais ça n'a pas intérêt à durer.

- Oui.

- Elle est si...

Par contre je veux qu'elle soit jalouse mais je ne vais pas tolérer le moindre manque de respect.

- Tais toi! Je ne veux pas entendre un mot de travers la concernant! Suis-je assez clair?

- Oui.

- Parfait.

La vieille arrive enfin avec un sac qui a l'air rempli mais en même temps je me dis que si c'est là tout ces affaires, c'est qu'ils doivent franchement être très pauvre. Pourtant dans mes souvenirs Isaac ne m'a paru être mal habillé, ses vêtements n'étaient pas très sales ou abîmes. C'est étrange. Je met ça aussi de côté, je demanderais à River mon autre bêta de faire des recherches concernant la famille adoptive de ma femelle. Je sens que la vieille me cache des choses et j'aime pas ça.

- Bonjour. Je me présente Mathilda, la mère de Sasha.

- Enchanté madame. Je suis Jacob le bêta d'August. Donnez moi le sac, je vais aller le mettre dans la voiture. On va t'y attendre avec Célestine.

Je vois bien que Célestine voudrait rester mais à vrai dire je vois pas pourquoi elle le ferait. Peut-être qu'autrefois je l'ai laissé pensé qu'elle serait la Luna de la meute et comme on a attendu longtemps pour avoir le signe de la révélation; elle a du commencer à y croire. Il va falloir que j'ai une discussion avec elle.

- J'arrive.

- Vous me permettez de lui dire quelques mots.

Elle m'énerve. Elle parle beaucoup trop, mais c'est sa mère donc je peux comprendre. Depuis quand suis-je compréhensif, ou du moins avec des gens en dehors de ma meute?

- Faites vite.

- Ma chère enfant, ces années auprès de toi ont été les plus belle de ma misérable vie. Tu as illuminé chaque jour sombre que nous avons vécu même ceux dans la peur et l'incertitude. Je t'en prie ne laisse pas ton passé gâcher ton avenir. Tu mérites le bonheur, ma petite. Je pense que tu peux lui faire confiance. Laisse lui une chance de te prouver qu'il mérite ton amour. Я люблю тебя, Рася.(Ndla: Je t'aime, Rassya. c'est du russe)

Pardon? Qu'est-ce qu'elle a dit? Tant pis, en plus j'ai pas retenu la phrase. Elle lui dépose un baiser sur le front puis se retourne. J'entends des sanglots mais je ne m'en préoccupe pas plus que ça et me dirige vers la voiture. C'était inévitable, la vieille. Je n'ai qu'une hâte rentrer à la maison et faire connaissance de cette mystérieuse et énigmatique Sasha.

*****

Laissez un commentaire ça fait toujours plaisir d'avoir vos avis même s'ils sont négatifs par contre ils doivent être instructifs et fondé sur de véritable argument!

Bonne continuation! Bientôt un prochain chapitre!

Chapitre 3

S asha

-Aidez-moi! Je t'en supplie... Laisse-moi sortir...

-Tais-toi!

- Non!

C'est pas possible. Je n'ai pas fait ce cauchemar depuis presque deux ans et voilà qu'il revient. Je hais la vie où du moins celui ou celle qui décide ce qu'il nous arrive. Je me demande ce qui lui est passé par la tête lorsqu'il a décidé pour moi.

Je ne veux pas ouvrir les yeux, je sais que je ne suis pas à la maison. Le lit ici est beaucoup plus confortable et il règne dans la pièce une odeur très agréable qui me détend un peu. Je me sens calme alors que je viens de faire le cauchemar qui me hante depuis des années. Il est celui qui m'a réveiller un nombre incalculable de fois, qui m'a fait faire de telle insomnie qu'il m'arrivait d'avoir peur de ne serait ce que de fermer les yeux même en plein jour. Je ne suis pas comme les autres, la plus part des gens lorsqu'ils font des cauchemars ou des rêves les oublient au matin, et surtout ils ne font jamais le même cauchemar. Moi c'est différent lorsque je fais un cauchemar je peux être sûr qu'il va être là chaque nuit jusqu'à ce que mon subconscient en forme un autre à partir de mes souvenirs les plus douloureux , c'est une boucle qui jamais se terminer. Celui que je viens de faire était le plus récurrent il y'a quelques années et celui qui me terrifie le plus, c'est le pire d'entre tous, celui qui utilise mes souvenirs les plus douloureux. Il pouvait m'empêcher de dormir des nuits entières où je me recroquevillais sur moi même et pleurais comme une madeleine attendant impatiemment que le jour se lève. Pendant quelques temps je n'ai même plus voulu dormir tellement j'avais peur. J'en ai fait des insomnies à cause de lui, et voilà qu'il est de retour à cause de... de cet homme.

Je sais que je suis chez lui. Je ne suis pas idiote; il a du me retrouver puis m'emmener avec lui alors que j'étais inconsciente. Je crois qu'on peux dire que c'est kidnapping. Je ne veux pas ouvrir mes yeux, je sais ce qui m'attends et je ne le veux pas mais je le fais quand même, je ne veux plus une faible petite chose qui attends que ça se passe. Je prends en main les rênes de ma vie. Et toi qui m'a enlever de la seule maison que j'ai jamais eu, je te jure que je te ferais vivre un enfer. Sauf que quelques choses me dit que peut-être pas, alors me vient une nouvelle idée m'enfuir. Une nouvelle fois.

Le soleil est éblouissant, la chambre est grande j'aperçois une commode sur lequel est posé une télévision et un tableau au dessus de ma tête représentant la mer. Dans le coin se trouve un fauteuil à coter d'une bibliothèque rempli à ras bord et d'un miroir doré en pied qui je dois le dire est magnifique. Les draps sont d'un blanc éclatant, un peu trop même. Une grande vitrée se situe à ma gauche et éclaire l'ensemble de la pièce, je crois même qu'il y a une terrasse.

C'est quand j'essaye de me lever que je la sens pour la première. Ils m'ont perfuser, les connards. Je dois dormir depuis longtemps car je sens que mon corps est faible, en tout cas encore plus qu'avant. J'arrache la perfusion et tente de me lever mais je m'aperçois bien vite que ça sera plus compliquer que prévu vu qu'à peine lever j'ai la tête qui tourne ce qui m'oblige à me rasseoir. Après avoir attendu quelques minutes je retente ma chance et j'arrive enfin à rester sur mes pieds sans vaciller. Je sais que je ne devrais pas, je me vais haïr pour ça, mais je m'approche du miroir et ce que j'y découvre et pire que ce j'avais imaginé. Mon corps est encore plus laid et repoussant qu'avant, je suis encore plus maigre, mes côtes ressortent à un point qu'on pourrait facilement imaginer qu'elles peuvent à tout moment transpercer ma peau; d'ailleurs elles pourraient réellement le faire! Je suis faible et pitoyable.

- Bon reprends toi! Tu ne vas pas rester devant ce miroir ou dans cette chambre toute la journée!

Il faut que je trouve autre chose à me mettre que cette fichue robe de malade. Il y a deux portes, j'imagine qu'il y a un dressing vu que la maison a l'air grande. J'ouvre la porte à ma gauche et je découvre un immense dressing, rempli de vêtement pour homme; cependant la partie à droite du dressing est complètement vie. J'aperçois au fond une salle de bain, parfait. J'imagine que c'est pas dérangeant que je prenne un t-shirt un jean et des sous-vêtements. Et si oui?

- Eh bien tant pis pour eux ils n'avaient pas qu'à m'enlever.

Alors que je parcours les vêtements qui sont bien trop classe pour moi ou simplement trop grand, beaucoup trop grand, je trouve mon sac à dos rempli de mes affaires. Il y'a quelques un de mes livres préféré, une photo de toute notre petite fratrie, la seule que nous ayons et surtout des vêtements, c'est sans doute Mathilda qu'il me l'a préparé. Je crois qu'elle devait être ravi. Depuis le temps qu'elle me répète que je devrais trouver un « protecteur ». Je ne peux pas lui en vouloir, je ne le peux jamais. Je prends ce don j'ai besoin et me dirige vers la salle de bain. Elle est aussi très grande, on peut y trouver une douche à l'italienne, une baignoire, un wc ainsi qu'un grand meuble avec un double vasque et des rangements en dessous et un miroir. C'est très lumineux et toujours aussi blanc même si les meubles sont en bois et que c'est franchement classe; au moins il a bon gout à mon qu'il est payé quelqu'un pour tout décoré, ce qui ne m'étonnerais pas. Les meutes loups-garous sont toutes très riche.

Je me déshabille en faisant bien attention de tourner le dos au miroir, j'ai déjà vu mon reflet tout à l'heure et ça me suffit pour le reste de la journée et même du mois! Je préfère utiliser la douche, j'aime pas les baignoires. Je me lave très rapidement, veille habitude. Je sors m'habiller et fais le chemin inverse de tout à l'heure. Bon maintenant que je suis à peu prête et présentable il faut que je sorte de cette chambre et que j'aille dire quelques mots à mon... âme-sœur. Rien que le dire me fait froid dans le dos.

Cinq minutes, cinq minutes que ma main est sur la poignée. Je n'ai tout simplement pas la force de faire face à la réalité. Je suis de nouveau la prisonnière d'un homme, et si je comprends c'est pour la vie.

- Взбодрись, Рася! (Ndla : Courage, Rassya! en russe)

J'ouvre la porte et découvre un palier qui se trouve au centre d'un long couloir qui mènent à d'autre portes toujours en bois et toujours du blanc sur le mur, on va pas se mentir c'est très beau. Ce qui attire le plus mon œil c'est un escalier situer à gauche d'une rembarre en verre qui donne sur un énorme salon. En face de moi se trouve un immense lustre en bois puis juste derrière lui une immense vitre qui laisse apercevoir une forêt. J'ai l'impression d'être appelé par cet forêt, quelque chose m'attire dans celle-ci. Je m'avance vers la balustrade et découvre en dessous un gigantesque salon dans les tons taupe et blanc avec quelques touches de rouge grâce à quelques objets de décoration, la personne qui a décoré a vraiment de très bon goût. C'est un mélange de modernité et de bois ancien, c'est magnifique et moderne. J'adore! Cependant il y'a quelques choses qui me perturbe. Il y'a odeur entêtante dans cette maison dans chaque pièce elle est là, elle est si agréable et réconfortante. Je descends les escaliers en faisant attention de ne pas faire de bruit. J'espère pouvoir partir le plus discrètement possible. Plus je découvre cette maison plus je la trouve magnifique. Pas le temps de trop s'éterniser.Je suis à la porte d'entrer, main sur la poignée mais je n'arrive pas à l'ouvrir quelque chose m'en n'empêche. Je sais que la porte est ouverte, le verrou n'est pas enclencher, mais mon corps refuse de m'obéir et d'ouvrir cette porte. Mais qu'est-ce qui m'arrive?

- Tu vas quelque part?

Je me retourne et découvre un homme que j'avais déjà vu. Il accompagnait l'homme qu'il m'a enlevé.

- Je rentre chez moi.

Autant dire la vérité maintenant qu'il m'a découvert.

- Je ne crois pas.

Tu ne me connais pas. Quand je veux quelque chose personne n'a le droit de m'empêcher de l'avoir.

- Et pourquoi cela?

- Le boss te l'interdit pour le moment.

- Et qui est-il pour me l'interdire?

- Ton âme-sœur.

Connard.

- Ça ne lui donne pas le droit de m'enfermer ici!

- Non, tu peux aller dans la forêt et tu pourra aller à la ville d'à côté, à condition d'être accompagné et de l'avoir prévenu à l'avance.

J'y crois pas. Ils sont complètement timbrés ici!

- Ça va pas la tête! J'ai aucun compte à rendre à personne et surtout pas à des inconnus qui m'ont enlever!

Je vois bien qu'il cherche ce qu'il peut me répondre. Mais tu pourras le faire pendant mille ans que tu trouveras jamais rien car j'ai raison et il le sait.

- Jacob.

- Quoi?

J'ai loupé un épisode ici.

- Je m'appelle Jacob. Je suis l'un des bêtas de ton âme-sœur.

Il a cru que parce que je connaissais son nom, on serait plus des inconnus. C'est bien ce que je dis ils sont complètement fous.

- Cela devait me donner confiance en toi?

- J'imagine que oui.

- Eh bien désolé te décevoir mais ça na pas marcher.

Et ça marchera jamais.

- Je voie ça.

Je me décale de la porte et pose mon dos contre le mur à coté, de toute façon j'ai bien compris que je ne pourrais pas m'enfuir maintenant et que ça sera très compliqué de leur échapper dans le futur. Sans le vouloir quelques larmes s'échappent, je me sens si faible et pathétique de ne pas être plus combative. Moi qui m'étais promis de ne jamais perdre ma libre qu'importe le prix pour la garder, je serais prêt à tous les sacrifices. Enfin peut-être pas tous, je ne serais pas capable de faire du mal à Mathilda et aux enfants. C'est eux ma seul faiblesse aujourd'hui pour eux je serai prête à tout et peut-être même finalement sacrifier ma liberté.

- Son nom?

Je peux au moins savoir comment s'appelle mon... âme sœur. Décidément je m'y ferais jamais.

- August, l' Alpha de la meute de l'ouest, c'est la plus puissante du continent. Il est très respecté dans le monde, peu de gens osent le défier.

Super, il va se croire tout permis avec moi. Stupide Alpha.

- Et où est-ce qu'il est?

Soudain un hurlement ce fait entendre depuis la forêt, c'est comme si tout mon corps ne me répondait plus. J'ai l'impression d'être appelé et de pas pouvoir résister. Mon corps allait de lui même comme par instinct vers celle-ci et je crois qu'en faite c'est tout mon être, mon corps et mon âme qui sont attirés, mais il me reste heureusement encore cette voix qui me dit que c'est un piège. Mais elle si faible face à tout le reste qui me crie de courir vers ce bruit qu'elle peine à ce faire entendre et même simplement à exister . D'un coup je me met à courir vers ce hurlement, ma résistance a été mis à l'épreuve et elle n'a pas tenu très longtemps puisque toute évidence plus rien ne va pouvoir m'arrêter tant que le besoin de le trouver ne sera assouvie.

*****

Chapitre exclusif à Sasha je me disais que par rapport au précédent où elle n'a été très présente c'est mieux. Et oui je sais qu'il est court mais il y a grande partie de blabla qui je pense peuvent être plutôt ennuyante mais qui sont des pièces du puzzle sur le passé de Sasha. Je vous laisse écrire vos théorie sur ça, j'ai hâte de les lire.

Le prochain chapitre est pour bientôt, patience.

Chapitre 4

August

Deux semaines qu'elle dort d'un sommeil profond dans ma chambre. D'après Charlie, le médecin de la meute, elle devrait se réveiller d'ici peu de temps; quand il l'a examiné, bien entendu sous la surveillance de la première Dame de Sasha Dahlia, j'ai préféré ne pas rentrer pour disons éviter de lui sauter dessus comme un animal, mon loup a très envie... eh bien de s'amuser avec elle.

Après l'examen médical, il m'a fait un rapport qui soyons franc m'a mit hors de moi. Il m'a appris que son corps est parsemée de cicatrices de toutes sortes, il y aurait des vieilles brûlures et des coupures plutôt important qui auraient mal cicatrisées. De plus il pense mais n'est pas vraiment sur car il n'a pas fait de radio qu'elle a aussi eu beaucoup de fractures, elle aussi mal réparer. En gros pour résumé elle a vécu des choses que je ne peux pas imaginer sous peine de tuer quelqu'un d'innocent dans un excès de colère . Ensuite il m'a dit qu'elle était très faible et maigre et qu'il a dû lui posé une perfusion. Ça je l'avais remarquer plutôt facilement, pas besoin d'être un génie, on peut voir ses os! Puis il est parti en me disant qu'il faudrait attendre une ou deux semaines pour qu'elle se réveille.

Depuis les Dames de Luna, j'aime pas utiliser ce terme car il date du Moyen-Ages mais bon c'est comme ça qu'on les appelles et je vois pas comment on pourrait les appeler, bref... Comme je disais, depuis les Dames de Luna viennent tous les après-midi pendant que moi je vais m'occuper de la meute et de l'entreprise même si pour le moment je ne suis que le directeur général, mon père, Elyas, est encore le PDG et je ne suis pas pressé de prendre sa place, c'est beaucoup de boulot en plus de celui de la meute.

Je suis avec elle toutes les nuits veillant sur son sommeil et puis le matin je reste dans la chambre à la regarder dormir ou bien parfois je lis. J'ai pu longuement l'observer et je suis toujours d'avis qu'elle est magnifique; je me suis rendu compte après qu'elle ai été lavé que ses cheveux ne sont pas du tout brun comme je l'ai pensé la première fois que je l'ai vu mais châtain clair presque bond. Je n'ai toujours pas pu revoir ses yeux puisqu'ils sont fermés mais je crois me souvenir qu'ils sont bleu, un magnifique bleu qui rappelle l'océan qui brille au soleil, j'adore l'océan. Le problème c'est que pendant ces deux semaines, je n'ai pas arrêter de me faire un millier de scénario possible pour tenter d'expliquer son état. Au début j'ai pensé que c'était sa mère qui la maltraitait mais pourtant quand je l'avais rencontrer elle m'a semblé prendre soin de mon âme sœur et de la protéger, puis je me suis rappeler qu'elle avait été adopté et j'ai donc compris que toutes ses cicatrices datent de l'époque avant l'adoption, mais bon ça ne m'explique pas pourquoi elle si maigre; je me souviens que sa mère m'a dit que je comprendrais tout seul. J'attends donc impatiemment qu'elle se réveille, pour faire plus ample connaissance. Sauf que ce matin je n'en pouvais plus ou plutôt mon loup n'en pouvait plus, je ne m'étais pas transformer depuis deux semaines et c'était long, très long pour lui même s'il était heureux d'être près de sa femelle, depuis le temps qu'il l'attendais, j'ai quand même 27 ans et elle est si... jeune. Depuis que j'ai 17 ans je sais qu'à chaque anniversaire j'ai su que l'écart d'âge entre mon âme sœur et moi s'agrandissaient. 10 ans de différence c'est quand beaucoup pour des âmes sœur, généralement il n'y a pas une grande différence, parfois elle est de 1 ou 2 ans plus jeune mais rarement plus. Je m'interroge.

Je me balade depuis ce matin dans la forêt en attendant et en réfléchissant à la situation actuelle. Je sais que ça va être compliqué; il semblerait que ma dulcinée va avoir du mal à comprendre qu'elle m'appartient. Je sais que certains me dirait que pour la conquérir il ne faudrait pas que je dise ça mais c'est plus fort moi. Je suis un Alpha et elle est mon âme sœur, elle m'appartient et elle devra rester avec moi jusqu'à notre mort et même après. C'est ainsi depuis la nuit des temps; lorsqu'un loup trouve sa femelle celle-ci doit le suivre si c'est une humaine elle doit quitter sa vie pour lui, et si c'est une louve qui est née dans une autre meute elle doit la quitter pour la sienne. A l'inverse des loups, les louves ne peuvent pas avoir comme âme sœur un humain. C'est impossible et personne ne sait pourquoi. Bon après tout le monde se doute que c'est pour perpétué les générations de loup. Un enfant né d'un humain et d'une louve n'est pas un loup mas simplement un humain.

Je cherche un moyen de disons apprivoiser Sasha mais le faite que je ne lui ai jamais vraiment parler n'arrange pas les choses; tout ce que j'ai comme aide c'est les mises en garde de sa mère. Merde c'était même pas des conseils, je fais comment moi avec une âme sœur qui refuse d'être mon âme sœur parce que elle veut garder sa liberté. Tu te fous de ma gueule, je vais pas aller la séquestrer non plus, elle va simplement vivre avec moi. Je suis pas un monstre! La meute est accueillante et ravi d'avoir enfin une Luna. On a réussi à en quelques sortes créer une mini ville. Alors franchement nous rejeter, me rejeter sans nous connaitre c'est absurde et con.

Putain, je marchais quand une décharge vient de me traverser l'entièreté de ma colonne vertébrale. Je l'ai senti elle est réveillée. Je me met à courir vers la maison. Je la sens.

Je m'arrête soudainement car je comprends qu'elle à la main sur la porte de la maison. Elle veut partir, me quitter sans me connaitre. Je sais que le lien entre nous n'est pas encore totalement établi sauf que savoir qu'elle veuille partir me fait atrocement mal. J'ai eu une idée pour la retenir le temps que j'arrive et c'est pourquoi je vais m'aider du lien qui a commencé à se tisser entre nous alors qu'elle dormait encore.

Flashback :

Je la regarde. Elle est si belle. Chaque nuit être avec elle est un supplice; j'ai envie de la toucher de découvrir chaque parcelle de son corps, de la sentir, de coller mon nez dans son cou et d'inspirer son odeur. Ainsi j'ai odeur sur moi toute la journée est mon loup est plus calme. Lui ne veux qu'une chose, c'est la marquer de ses crocs pour que le monde entier sache qu'elle lui appartient et qu'ils n'ont pas intérêt de l'approcher ou encore de la toucher. La marque d'un loup est un signal aux autres loups; lorsqu'ils la voient ils savent que c'est écrit " Pas touche, elle est à moi ". Ça évite les problèmes.

Alors que je suis entrain de lire un livre qui disons le, ne m'intéresse guère. Je l'entends qui commence à s'agiter. Mon loups espère qu'elle se réveille, mais je comprends rapidement qu'elle fait un cauchemar et vu comment elle s'agite il doit vraiment être horrible. Je ne suis pas vraiment douer pour ce genre de chose. Je n'ai jamais eu besoin de rassurer ou calmer quelqu'un. Sauf qu'elle s'agite de plus en plus et elle risque de soit tomber du lit soit de s'arracher la perfusion ou bien les deux. Ce que je craignais arriva, elle tomba du lit et s'arracha la perfusion. Je me précipite vers elle mais elle n'arrête pas de bouger, on a l'impressions qu'elle se débat avec un être invisible. Je sais pas vraiment quoi faire donc je la prends dans mes bras par la force. Avec mes dents j'arrache un gros bout de mon t-shirt pour en faire une boule et je le met que sur l'endroit où il y avait la perfusion pour arrêter le saignement abondant.

On est assis contre le bord du mur, elle entre mes jambes et enfermer dans mes bras. Elle continue de se débattre.

- Aidez-moi! Je t'en supplie... Laisse-moi sortir...

Je ne comprends pas vraiment pas ce qui passe mais je sais que je ne vais pas arriver à la calmer tout seul. Je tente d'appeler Charlie par la connexion des loups de la meute mais il ne réponds pas. Merde c'est vrai qu'il opère un loup aujourd'hui, j'appelle donc June sa compagne qui est aussi médecin.

- June! June!

- August, calme toi.

- Elle... elle... fait... un

Je suis complètement paniqué et Sasha continue de s'agiter dans mes bras et c'est de plus en plus compliqué de la retenir.

- Je comprends rien. Parle plus doucement.

- Sasha elle s'est arracher sa perfusion. Elle fait un cauchemar et j'arrive pas à la calmer.

- Ok. Je me dépêche.

- Fais vite. Je sais pas quoi faire.

- Parle lui. Tu es son âme sœur et même si elle ne l'accepte pas, ta voix et ton odeur vont la calmer.

- Ok mais dépêche.

- J'arrive.

- Chuuut.. Tout va bien. Je suis là.

Elle commence petit à petit à bouger un peu moins. Je lui met sa tête vers mon cou, c'est là que mon odeur est la plus forte, vu qu'on est pas encore lier et qu'elle est humaine, elle ne peut pas la sentit sinon. Par miracle elle se détend enfin un peu même si je la sens encore tendu et à l'afflux alors qu'elle dors encore.

J'attends June qui ne devrait pas tarder. Enfin elle rentre dans ma chambre qui lui est normalement interdite d'accès mais là il y'a urgence. A peine June s'est approcher de nous que Sasha se remet à s'agiter et encore plus violemment qu'avant. Dans d'autres circonstances j'aurais pensé que c'est de la jalousie et j'aurais été très heureux; mais là je sens qu'elle est terrorisé à l'idée que June l'approche.

- Tiens là fermement je vais lui donner un calmement.

Je resserre ma prise sur ma femelle qui se débat avec encore plus de vigueur quand June lui fait une piqûre.

- Et ça devrait agir quand.

- Dans quelques secondes.

Et c'est vrai. Sasha se calme presque immédiatement. J'en profite pour lui embrasser son cou.

- Remet la sur le lit. Je vais refaire sa perfusion et lui mettre un pansement.

Je l'écoute et la dépose doucement sur le lit en replaçant une mèche derrière son oreille. C'est là que je vois pour la première fois une grande cicatrice sur son cou. De plus elle est en sueur et toute pâle.

- Si jamais elle recommence tu me rappelle immédiatement.

- Ok.

Je la voie ranger ses affaires et repartir.

- Attends June. Comment est-ce possible qu'elle est agis comme si elle était réveiller alors qu'elle dormait encore?

- C'est une sorte de crise de somnambulisme mêler à une crise de terreur nocturne. Ça arrive au personne qui ont vécu de grands traumatisme; ils peuvent même en dormant sentir ce qu'il se passe autour d'eux. Tu devras faire attention à toi en dormant avec elle, elle pourrait te blesser. Même quand elle sera réveiller; je pense qu'il lui arrivera sans doute fréquemment ce genre de chose.

Alors ainsi ma femelle a vécu des traumatismes qui la hante encore aujourd'hui.

- Au fait August. La meute vient de le sentir, le lien a commencé à être tisser.

Fin du Flashback

Je préviens Jacob qui est plus près que moi de la retenir pour me laisser le temps d'arriver.

- Jacob! Va à la maison immédiatement, elle veux s'enfuir!

- Ok mais je suis à cinq minutes.

- Dépêche toi! Je fais pareil de mon côté.

Je tente par tout les moyens de faire appel au lien pour laisser le temps à Jacob d'arriver. Je répète en boucle dans ma tête la même phrase en espérant que ça la retienne.

- N'ouvre pas la porte... N'ouvre pas la porte...

Alors que je continue de faire appel au lien je me remet à courir. Je cours le plus vite possible, non seulement parce que je veux l'empêcher de partir mais aussi parce que je veux la voir, la sentir, l'entendre parler et rire, voir son sourire alors même qu'on ne se connait pas. Je n'ai jamais ressenti tout ça envers une femme même avec Célestine, en quelques sortes ça m'effraie un peu mais je suis aussi très heureux et surtout impatient.

Alors que je courrais comme un fou, j'ai senti une nouvelle décharge en moi. Je le sens, elle a peur et elle est perdue. Je sens qu'elle s'est résigné à rester, elle a compris qu'elle ne pouvait pas partir et me quitter. Mon loup en est tellement heureux qui l'hurle de joie dans la forêt. Et là une nouvelle décharge si agréable; elle est dans la forêt et je sens qu'elle me cherche. Alors je n'ai qu'une idée en tête, la retrouver.

*****

Voilà encore un nouveau chapitre uniquement centré cette fois-ci sur August. J'espère que ça vous plaira. J'attends impatiemment vos commentaire!

A la prochaine!

Chapitre 5

Sasha

Je cours, je cours aussi vite que je le peux; les quelques forces que j'ai pu récupérer pendant que je dormais, eh bien je les utilises la maintenant et vous savez ce qui est le plus drôle, c'est que je sais pas pourquoi je cours. Depuis que j'ai entendu ce hurlement de loup, j'ai qu'une idée en tête c'est de le retrouver, comme si c'était quelqu'un que je n'avais vu pas depuis longtemps. Je ressens un tel manque mais je ne sais pas ce qu'il me manque, j'ai la sensation que quelque chose ou quelqu'un a été auprès de moi tout le temps que je dormais et que maintenant mon corps le réclame, alors je suis comme junkie qui fait tout pour avoir sa dose.

D'un coup je me sens tomber, je me suis pris les pieds dans une racine.

T'en rate pas une!

Je ressens toujours ce manque qui est de plus en plus important, j'ai de plus en plus en froid. Alors que je tente de me relever pour reprendre de ma course, j'aperçois à travers les arbres deux grands yeux noirs qui appartiennent à magnifique grand loup noir. J'aurais du, ... je devrais être terrifié, utiliser mes dernières forces pour partir en courant; sauf que ce loup m'apaise, je ne ressens plus ce manque qui était si grand en moi il y a peine quelques secondes.

J'ai fermé les yeux que quelques instants que mon grand loup noir en a profité pour disparaître , est-ce possible que je l'ai imaginé.

Suis-je folle à ce point?

Puis j'entends un craquement juste à coter moi. Un homme apparaît devant moi, complètement nu.

Je panique. Est-ce que le même enfer qu'autrefois va recommencer aujourd'hui?Je le vois il se précipite vers moi et me prends dans ses bras. En un seul instant le froid m'a quitté ainsi que la peur; être dans ses bras est d'un réconfort.

Quelques minutes se sont écoulé sans qu'un seul mot ne sois prononcé lorsque je sens qu'il se lève avec moi toujours dans ses bras; je suis si bien que quand j'en oublie totalement pourquoi je suis là. Je le sais, je ne suis pas idiote. Il est mon âme-sœur, August.

Quelque chose me hurle de descendre de ses bras et de courir loin de lui, de lui échapper. J'aurai pu l'écouter, j'y serai sans doute arriver si je n'étais pas si faible. Je tente quand même de lui dire que rien n'est gagné avec moi et surtout qu'il ne pense que je ne suis pas acquise, car je le serais jamais et ça il doit le savoir. Ma confiance ne se gagnera pas facilement, qu'importe s'il est mon âme-sœur.

- Je... ne t'appartiens... pas.

- C'est ce qu'on verra... Maintenant dors tu es épuisée, ne t'inquiète pas je ne te ferais rien. Je te ramène à la maison.

Traite de corps, comme s'il attendait son autorisation, il se détend presque immédiatement. Puis petit à petit je me sens partir dans les bras de Morphée.

Ellipse

C'est sans doute l'une des rares fois où quand je me réveille je me sens bien. Je ne suis ni en sueur ni en manque de respiration. Je suis bien.

J'ouvre les yeux et aperçois un homme qui ne met pas totalement inconnu assis sur le fauteuil à coter de la bibliothèque entrain de dormir. Il est dans une position qui disons le franchement est très sexy, c'est posture un peu nonchalante lui donne un aire décontracté plutôt cool. C'est vrai que je pensais qu'il serait un homme stricte et autoritaire, mais au première abord il n'a pas l'air d'être ainsi, ça me rassure.

Très légèrement. N'oublie pas tu le connais pas. Ne lui fais pas confiance. Tu n'as pas le droit. Tu n'as pas besoin de lui.

-Salut.

Je n'avais même pas vu qu'il s'était réveiller tellement j'étais, avouons le, absorber par ma contemplation de son corps musclé.

- Ce que tu vois te plait?

Petit sourire charmeur que je vais vite lui faire perdre.

- Et qu'est-ce qu'il devrait me plaire?

Qu'est-ce que je disais? Il l'a perdu aussi vite qu'il était venu et même plus.

- Sauvage à ce que je vois.

Et tu ne sais pas à quel point je le suis.

- Plus que tu ne pourrais le penser.

- Intéressante.

- Tu vas vite te lasser.

- Impossible.

- Tu ne communique qu'ainsi?

- Tu aimes tant ma voix que t'aimerais plus l'entendre?

C'est vrai que sa voix est très attirante. Mais je vais pas lui faire le plaisir de lui dire.

- Je ne dirais pas ça...

Il se lève doucement de son fauteuil et se rapproche tout doucement du lit. On dirait un prédateur entrain de chasser sa proie, et en l'occurrence c'est moi la proie!

- Et qu'est-ce que tu dirais?

Il monte doucement sur le lit et se rapproche de plus en plus de moi. Ai-je oublier de préciser qu'il ne porte pas de t-shirt et j'ai tout le loisir d'observer l'ensemble de ses abdos.

- Alors, j'attends ta réponse sinon j'imagine que ce que je disais est vrai.

- Je... Tu...

Il est si proche de mon visage qu'il pourrait m'embrasser et en quelques sortes ses lèvres m'appellent. Sauf qu'il fait une erreur fatale, il met une de ses mains sur le coté de mon ventre dénudé.

- Ne me touche pas!

Je le repousse de toute mes forces même si je ne fais pas le poids avec lui, d'ailleurs il n'a presque pas bougé, je dirais même qu'il s'est poussé de lui même. Qu'importe il est hors de question qu'il pose ses mains sur moi. Je me recroqueville sur moi-même avec mes bras qui serrent de barrière entre lui et moi et les larmes aux yeux. Personne ne m'a touché depuis que j'ai adopté à part ma mère et mes frères et sœurs. Lorsqu'on me touche à même la peau surtout quand ça ne vient pas de ma propre initiative, je reviens 5 ans en arrière dans cette endroit avec l'homme dont je ne veux absolument pas me rappeler mais qui pourtant me hante encore toutes mes nuits.

- Sasha, je suis désolé. Je ne voulais pas t'effrayer.

Je vois de la sincérité dans ses yeux. Et je ressens comme une sorte de mini douleur au cœur, comme si mon corps qui n'en fait qu'à sa tête depuis quelques temps m'en voulait de l'avoir repousser.

Excuse moi de ne pas vouloir qu'un inconnu me touche!

- A l'a venir ne me touche plus. Et il n'y aura pas de problème.

- Sauvage...

Et voilà le retour de son sourire ravageur.

- Tu as faim?

- Un peu.

- Alors suis moi.

Je le vois tendre sa main mais il se ravise.

A l'instar du reste de la maison, la cuisine est grandiose. Toujours du blanc avec cette fois-ci des touches de noir mais toujours du bois un peu partout.

- Pas mal.

- Content qu'elle te plaise.

- C'est toi qui a fait la déco?

- Oui et non.

- C'est-à-dire?

- C'était la maison de l'ancien Alpha, mon père, Elyas Morton. Quand il m'a laissé la meute je suis revenu habiter ici, j'ai fait quelques changements de déco, mais la plupart de la déco est de ma mère Julia.

- Revenu?

- J'ai grandi dans cette maison. Mais quand je suis devenu adulte j'ai voulu prendre un peu d'indépendance. Que veux-tu manger?

- Qu'importe.

- Alors c'est parti pour des pâtes carbonara. Tu n'as qu'à visiter la maison pendant que je prépare.

- Non. Je vais plutôt m'installer sur ton canapé.

- Comme tu veux.

August

J'ai beaucoup de mal à préparer le repas. Toute mon attention est tourné vers Sasha qui somnole sur le sofa alors qu'elle tente de regarder une émission de cuisine. J'ai encore beaucoup de mal à croire qu'elle est là. J'ai quand même 27 ans et je l'attends depuis longtemps, j'ai même commencé à penser que je n'avais pas d'âme sœur que je serais seul pour le reste de ma vie. Puis il y a plus d'un mois j'ai senti un frisson ou plutôt une sorte de décharge me traverser tout le corps; c'était si agréable. J'ai tout de suite compris que mon âme soeur venait d'avoir 17 ans, le lendemain j'étais parti à sa recherche. Il m'a fallu un mois pour la trouver et au final elle n'étais même pas à une heure de route du territoire de la meute, parfois je me dis que le destin se joue de moi ou est simplement contre moi.

Maintenant elle est là et je ne la lâcherais pas et cela même si elle ne le veux pas. Elle est à moi. Je vais lui laisser le temps de s'habituer à la situation mais il ne vas pas falloir que ça prenne trop longtemps; elle est devenu la Luna de la meute ainsi elle a reçu beaucoup de devoir à accomplir.

Je dépose les deux assiettes sur la table à manger.

- Sasha vient manger.

Elle ne bouge pas.

- Sasha?

Je me lève d'un bond et courre vers elle. Mille scénarios viennent de passer dans ma tête. T'es con! Elle vient de passer deux semaines dans le coma, elle est encore très faible.

Je ressens un soulagement incroyable au moment où je me rends compte qu'elle dort. Je me baisse à coter d'elle et contemple son visage endormis. Tout doucement je replace une mèche derrière son oreille.

- Tu m'as fait peur. Je crois que tu ne mangeras pas tout de suite. J'imagine que ça ne te dérange pas que je te porte jusqu'à notre chambre.

Je la prends doucement et pour le plus grand plaisir de mon loup, celle-ci inconsciemment se rapproche encore plus de moi.

*****

Et voilà encore un chapitre. J'espère qu'il vous a plus. N'oubliez de laisser un commentaire.

A la prochaine!

Chapitre 6

S asha

Je me réveille doucement et pour la deuxième fois d'affiler je n'ai pas fait de cauchemar ou en tout cas pas à l'instant. C'est agréable sauf que j'ai l'impression d'être regarder intensément.

- Je crois qu'elle se réveille.

Il ne m'en faut pas plus pour ouvrir les yeux et m'asseoir sur le lit en me collant le plus possible à la tête de lit.

- Qui êtes-vous?

- Eh bien nous sommes vos Dames de Luna, chargées de vous épauler dans vos devoirs de Luna. Je suis Dahlia, la compagne d'Yvan le chef des gardes du territoire ouest.

Celle qui me parlait était plutôt grande, avec des jambes interminables mise en valeur avec sa jupe tailleur. Ses cheveux étaient brun très foncés et ses yeux l'étaient tout autant. Je pouvais deviner à sa posture que c'était elle leur chef.

- Laissez moi vous présenter le reste des Dames. Voici April votre deuxième Dame, la compagne de Brice, qui s'occupe de la partie est du territoire.

Une petite rousse aux yeux vert s'avança légèrement par rapport au petit groupe qu'elles formaient.

-Bonjour.

Elle semblait être timide et aussi gênée que moi dans cette situation d'autant plus que je viens de me réveiller, mais bon c'est moi qui leur ai demandé.

- Voici Cléo, compagne de Joshua en charge du sud.

Cette fois-ci s'avança une jeune femme brune aux yeux bleu de taille moyenne.

- Bonjour, madame.

Elle semble plus ouverte que la dénommé April, plus souriante et avenante.

- Et enfin voici Elisa, la femme de Valentin le chef des gardes du nord.

Elisa était aussi grande que Dahlia et avait les mêmes yeux sauf que ses cheveux sont beaucoup plus claire.

- Avez-vous des questions ?

- Vous présenter toujours ainsi?

- Comment?

- Chacune d'entre vous a été présenté simplement avec le nom de votre compagnon, c'est un peu court. Vous n'avez que vos maris pour vous présenter, pas de métier?

- Eh bien à part moi, vos Dames n'ont jamais travailler. Elles se sont préparés pour vous être le plus utile possible, c'est disons leur métier.

- Et vous?

- Je suis plus vieille, je me suis donc préparé avant elle. En attendant votre arrivée, j'ai été institutrice à l'école de la meute. Madame, il est temps de vous préparer, nous avons beaucoup de chose à faire.

Elle s'avança vers moi sans doute pour m'aider à me lever.

- Ne vous approchez pas de moi!

- Comme vous voudrez, madame.

- Et arrêter de m'appeler madame. Je n'ai que 17 ans et je ne suis pas assez vieille pour être appeler ainsi.

- Comment devons-nous appeler alors?

- Par tout simplement mon prénom.

- Bien. Nous le ferons si c'est ce que vous souhaiter.

- Sortez de cette chambre que je puisse me... préparer.

- Cléo vous a préparé une de ses tenues en attendant que nous allions acheter de quoi remplir votre garde-robe.

Elles sortirent toute très calmement. Si elles pensaient que j'allais porter cette robe blanche avec toutes ces froufrous, c'est qu'elles ne me connaissent pas. D'ailleurs elles ne me connaissent pas, et ne me connaîtrons jamais. Et qu'est ce que c'est ces histoires de Luna et de devoirs? Il est hors de question que je fasse quoi que ce soit pour eux.

Après mettre laver et habiller avec mes vêtements, je descendis à la cuisine. Et pour mon plus grand mécontentement, elles étaient toutes les quatre debout dans la cuisine. Je pus remarquer qu'elles m'avaient préparer le déjeuner. Il n'y avait qu'une seule chaise, je m'assis donc dessus et découvris un véritable festin qui donnerait envie à n'importe qui, mais pas à moi. Je n'en ai pas besoin. Je me servie uniquement d' une petite portion de salade que j'avalais assez rapidement. Je me lève en direction de ma chambre dans l'espoir d'être enfin tranquille. Mais avec la chance que j'ai c'est impossible.

- Sasha! Vous n'avez pas assez mangé. Elisa vous a préparé ce repas pour qu'il soit manger.

- Eh bien vous n'avez qu'à le manger puis ensuite vous me foutrez la paix en sortant de cette maison et vous me laisserez seul.

- Nous ne pouvons pas. Une de nous doit toujours vous accompagner si l'Alpha n'est pas là.

Génial...

- Alors qu'April reste.

Si une doit rester autant prendre celle qui semble être la plus timide. Je n'ai aucune envie de me battre avec elles.

- Bien.

Je me dirige donc vers la chambre sans pour autant ne pas entendre leur petite conversation.

- Reste près d'elle April, qu'elle ne se sauve pas. Sinon je ne donne pas cher de notre peau.

- Mais quel mauvais caractère! Vous avez vu comment elle nous a parlé!

- Tais toi Cléo. Elle pourrait nous entendre.

- Eh bien qu'elle nous entende. Tu as vu comme elle nous a traité, en plus elle n'a presque rien mangé du repas qu'à préparer Elisa.

- Tu n'as donc rien écouté de ce que nous as dit l'Alpha?

- Pas vraiment.

- Il se pourrait qu'elle est des problèmes avec la nourriture.

- Elle serait anorexique?

Absolument pas! Je ne suis pas anorexique. C'est simplement que je n'en ai pas besoin.

- Nous ne savons pas encore. June va l'examiner demain.

Super... encore des médecins. J'en ai déjà assez vu en cinq ans.

- Nous allons nous occuper des devoirs de Luna jusqu'à qu'elle soit prête à le faire. Ce n'est pas facile pour elle de débarquer dans ce monde. Les loups, leur traditions et leur leur mode de vie ne lui sont pas habituels. Pour les humains, c'est parfois compliqué pour eux de gérer de grands changements comme celui-ci. Il faut lui laisser le temps de s'y habituer. L'Alpha nous a ordonné de faire preuve de patience avec elle, alors ne le ferons. C'est compris Cléo?

Ne te méprends pas. Je connais mieux les loups que quiconque car je connais leur véritable nature. Ce sont des monstres.

- Oui.

- Parfait. April, si elle ne veut pas que tu restes dans la chambre soit. Tu iras dans la pièce à coter. Veille bien sur elle, jusqu'au retour de l'Alpha.

Je les entendis se séparer, je me dépêche donc de rejoindre la chambre. Quelques secondes plus tard toqua April.

- Avez-vous besoin de quelque chose, Mada... Sasha?

- Non tu peux me laisser.

J'essayais d'être un peu plus polis car après tout cette Cléo n'avait pas vraiment tord, j'avais été horrible. Il fallait que je le reconnaisse, elles ne m'avaient rien fait. Elles n'étaient pas coupable du crime de leur Alpha, qui m'avait enlevé. Qu'importe ce qu'on me dira, il m'a enlevé.

- Bien, je serais dans la pièce d'à côté. Vous n'avez qu'à dire mon nom, même à voix basse je vous endenterais. N'hésitez pas.

- D'accord.

Elle sortit de la chambre me laissant seule avec mes pensées qui divaguaient un peu ainsi que mon corps qui réclamait la présence de mon kidnappeur.

Le traître.

August

Des heures et des heures de réunions s'étaient succéder, bon j'exagérais qu'un peu. Je n'avais passé que cinq heures de réunions, sans presque aucune pause. En réalité j'étais habitué depuis très longtemps à toutes ses réunions, mais c'était différent aujourd'hui j'avais autre chose en tête. Je n'arrivais pas oublier l'image de ma femelle qui dormait insouciamment dans mon... notre lit. Ça été un supplice que de la laisser en sachant ce qui m'attendait. C'est un enfer d'arriver à me concentrer plus de deux minutes sur les papiers devant moi.

Il n'y a que quelques personnes dans la pièce qui peuvent comprendre ce que je vis actuellement, car eux aussi été par là. Floyd comprenait tout à fait ce que je vivais vu qu'ils l'avaient vécu il y a déjà quelques années. Puis même si elles n'avaient pas encore trouvé leur moitié Jacob, Katrine, Isabelle et j'imagine Célestine devaient comprendre un minimum qu'il était dur pour moi d'être séparé de

Sasha aussi longtemps. De toute façon même si ils ne le comprenaient pas, ils pouvaient aisément deviné vu que je n'arrêtais pas de grogner.

Ça me fait penser qu'il serait temps que leurs âmes sœurs arrivent. A l'inverse des loups, les louves ne reçoivent aucun signal, elles doivent attendre leur venu. En faite je ne suis pas pressé qu'ils arrivent car je devrais trouvé des personnes pour les remplacer, en plus elles occupent des postes important, ça sera pas facile. Katrine est la directrice marketing et Isabelle est la chargée de communication; Célestine est mon assistante. Donc les laisser partir sera compliqué. Sauf pour Célestine, il va falloir que j'ai une discussion avec elle, il ne faudrait pas qu'elle parle de nos petits... échanges à Sasha.

- August, tu nous écoutes?

- Quoi, Jacob?

- Je te demande si tu nous écoutes?

- Pas vraiment.

Je vois les grimaces de mes employés qui ne font pas partit de la meute. Ils ne peuvent pas comprendre.

- Elle te manque?

- Oui.

Pourquoi mentir. Cette fois-ci c'est Célestine qui grogne.

- Célestine!

Je l'avais prévenu pas de manque de respect.

- Je pense qu'on va s'arrêter là. On a déjà bien bossé. Bonne fin de journée à tous.

Je sentais qu'il voulait me parler mais ne savait pas comment commencer. Autant l'aider ça ira plus vite.

- Que veux-tu ?

- August... Il faut que tu te maîtrises. Je sais qu'au début c'est dur mais tu n'as pas le choix tu es le boss de la meute et de l'entreprise. L'entreprise qui fait tourner le meute.

- Ça ne fait que deux semaines!

Je commençais à m'énerver, en tant qu'Alpha j'avais beaucoup de mal à supporter les reproches. C'est moi qui les fait pas l'inverse. Comme Jacob est mon bêta, je le supporte mieux que si c'était un loup lambda ou un humain mais il ne faudrait pas qu'il dépasse les limites.

- Faux presque trois!

Donc toujours deux.

- Jacob...

Je grognais une fois et il semblait avoir compris qu'il outrepassait ses droits.

- Pardon.

- Passons. Je retourne chez moi. Je bosserais cette nuit.

- Tu sais que tu ne pourras pas.

Oui je le sais. Disons que ma femelle fait un peu de bruit la nuit, au moins assez pour que la maison la plus long de la nôtre puisse l'entendre assez facilement. D'ailleurs la meute commence à en avoir marre de ne pas pouvoir faire des nuits complètes. Puisque Sasha réveillait tout le monde et donc les plus jeunes avaient peur et se mettaient aussi à pleurer. La meute n'arrêtais pas de me demander de faire quelque chose à ce sujet. Mais qu'est-ce que je pouvais faire? Il semble que ma présence l'apaise un peu mais pas assez pour lui éviter de faire un cauchemar et parfois j'avais beaucoup de mal à l'en sortir et à la calmer. Charlie et June m'avaient conseillé de lui donner des médocs pour dormir, mais je n'avais pas envie. Elle en a déjà assez pris à mon goût pendant ses deux semaines.

J'ai honte de l'avouer mais ses cauchemars me permettent d'en apprendre un peu plus sur elle. Elle dit ou plutôt hurle un prénom toujours le même, Marcus. Sans le connaître je le hais déjà, car j'ai le sentiment ou plutôt la conviction que c'est de sa faute si elle est comme ça. Parfois elle parle dans une autre langue, je crois pouvoir dire que ça l'a même que celle que sa mère avait parlé quand elle l'a quitté. Mais bon je comprends absolument rien.

Sur la route qui ramène à la maison, j'ai la sensation qui se passe quelque chose. Sans perdre une minute j'accélère.

Ce que je vois est... incompréhensible. Sasha tremble de partout, elle transpire intensément et sa respiration est très saccadé. Son cœur donne l'impression qu'elle a courue un marathon. Le plus troublant c'est sa position; elle est complètement replié sur elle même en brandissant un couteau de cuisine avec sa main tremblante. Je vois une louve en forme humaine à côté d'elle même en me tournant le dos je savais qui c'était.

- April !! Que c'est il passé!

- Elle... elle faisait un cauchemar. J'ai tenté de la réveiller !! Puis elle s'est levée d'un coup. Elle avait peur alors j'ai tenté de la rassurer mais elle a eu encore plus peur. Elle a voulu s'enfuir mais la porte était fermé à clé. Elle était complètement perdue, elle a courus dans la cuisine et a pris le couteau. J'ai rien pu faire. Elle ne m'écoute pas!

Merde, merde et encore merde!

- Sors! Va chercher Charlie et June et explique leur la situation. Dépêche toi!

- Oui Alpha.

Elle parti en courant me laissant seul avec Sasha et je ne savais pas quoi faire.

*****J'espère que le chapitre vous a plu ! N'oubliez pas de commenté!A la prochaine!

Chapitre 7

August

- Sasha... Regarde moi ma belle. Je suis là.

Elle levait enfin les yeux vers moi. Elle était complètement terrifiée, son regard perdue cependant j'avais l'impressions qu'au moment au nos regards s'étaient croisés qu'elle s'était légèrement calmé mais que surtout elle m'avait reconnu. Sauf que soudain elle fixa son regard dans le vide.

- Je... je... Aide-moi!

Elle s'agita encore plus. Sans en demander plus, je me précipita vers elle. Je l'as pris dans mes bras. Je me glissa derrière elle en faisant preuve de la plus grande douceur possible.

- Tout va bien. Je suis là.

- Ne pars pas!

- Je ne te quitterais jamais. Sasha, tout va bien. Je suis là.

Je la sentis se tendre encore plus, tout son corps frissonna. Elle baissa sa tête et la mis entre ses mains.

- Je suis désolé... je ne voulais pas t'abandonner... je devais fuir et je n'avais pas le temps.

- Ecoute moi, Sasha! Je suis là! Tout va bien.

Je tentais tant bien que mal de la sortir de sa folie. Je lui chuchotais des mots doux et lui caressais ses cheveux mais rien n'y faisait elle continuait de délirer.

- Mon bébé, mon bébé. Pardonne moi. Je ne voulais pas. Ma petite Sarafine, je suis tellement désolé.

Mon ventre se serra d'un coup. Je ne comprenais pas vraiment la situation, j'aurais tout le temps d'y réfléchir plus tard pour le moment il fallait que Charlie et June se dépêchent.

- Chut... tout va bien.

- Sarafine... Sarafine... Sarafine... pardon... pardon

- August?

- Je suis là Charlie !

- Bon dieu.

Je le voyais choqué par la situation. C'est sur que ça devait être surprenant de découvrir l'Alpha le plus fort du continent au sol avec sa femelle hystérique entre ses jambes et coincé contre un mur.

- Dépêche toi de la calmer !

Il déposa son sac par terre et sortis un aiguille. Il avança prudemment vers nous.

- Tiens la bien.

Qu'est-ce que je faisais à ton avis? Du tricot!

Il lui enfonça l'aiguille dans le bras et administra un tranquillisant. La minute d'après je sentis Sasha se détendre petit à petit pour au final s'endormir dans mes bras. Je nous releva tous les deux assez facilement, faut dire qu'elle était très légère.

- Je... n'en ai... pas besoin, Marcus.

Mon corps se raidit à ce nom. Il fallait que je trouve vite qui était ce Marcus. Il était temps d'envoyer River à la recherche d'information.

- Va chercher River! Et où June?

- Elle a du rester à la clinique. Une louve est entrain d'avoir son petit et l'accouchement est compliqué.

- Ok. Quand ça sera fini qu'elle vienne ici immédiatement! N'oublie de faire venir River!

- Oui, Alpha.

Eclipse quelques heures

J'étais assis sur un des fauteuils de la chambre. J'avais l'impression de revivre toujours la même, moi veillant sur le sommeil de Sasha, réagissant au moindre de ses mouvements.

Même s'il était environ deux du matin, je n'arrivais pas à dormir. Je réfléchissais à ce qu'il s'était passé pendant cette journée. J'avais appris que ma femelle avait un enfant, une petite fille du nom de Sarafine, ce qui voulait dire qu'un autre homme l'avait touché. J'en étais fou alors qu'au moindre contact avec moi elle était sur la défensive instantanément. J'avais encore imaginé un milliard de scénario possible, tous aussi répugnant les un que les autres. J'étais de plus en plus persuadé que ce Marcus lui avait beaucoup de mal, peut-être même plus que ce que je pouvais imaginer. J'en étais malade.

Un peu plutôt j'avais ordonné à June de rester dormir à la maison, au cas où une situation se reproduisait. A l'inverse Charlie avait interdiction de le faire. Plus les jours passaient plus j'étais jaloux et sur le quivive. J'avais aussi ordonné à River de rassemblé le plus d'information sur le passé de Sasha et de trouver qui était ce Marcus. Il avait deux jours et je savais qu'il pouvait le faire.

Je sentis le cœur de Sasha s'accélérer. Je me leva donc vers le lit pour découvrir que ma femelle se réveillait.

- Chut... doucement... tout va bien, ma belle.

Je caressais doucement et prudemment son visage, je ne voulais pas l'effrayer d'avantage.

- August...

Elle poussait un soupir de soulagement. Mon loup hurlait de plaisir de savoir que je la rassurais.

- C'est moi tout va bien, ma chérie.

- Je me souviens de rien mais je sais qu'il s'ait passé quelque chose.

- Oui. Tu as fait une sieste dans l'après-midi et tu as fait un cauchemar. Lorsqu'April t'as réveiller tu délirais. Nous n'arrivions pas à te calmer alors Charlie a du te donner un calment. Tu dors depuis.

- Est-ce que j'ai dit quelque chose?

Je sentais qu'elle avait peur. J'imaginais facilement qu'elle ne voulait pas que je sache qu'elle avait une fille.

- Non.

Je ressentis une immense douleur dans mon cœur comme si je m'étais poignardé. Je l'a voyais avoir un brusque frisson. Notre lien d'âme-sœur devait lui dire que je mentais, mais elle ne dit rien.

- Rendors toi.

- Je ne suis pas fatiguée.

- C'est vrai que as beaucoup dormi. As-tu faim?

- Un petit peu.

Je souris, peut-être qu'elle allait enfin manger mes pâtes carbonarra.

Nous étions tous les deux à table. Je n'arrivais pas à me concentrer plus de trois secondes sur mon assiette qui était presque déjà fini alors que Sasha n'avait même pas manger la moitié.

- Tu n'aimes pas?

Pitié dis moi que tu aimes car c'est le seul plat que je réussis à peu près.

- C'est très bon mais je n'ai plus faim.

- Mais tu n'as même pas mangé la moitié!

- Je n'en ai pas besoin.

Encore cette expression. Mon loup fulminait à son entente.

- Je te demande pas si tu en as besoin mais si tu as envie d'en manger plus.

- Je n'ai pas envie d'en manger plus. Je n'en ai pas besoin, c'est tout.

Pour la première fois depuis le début du repas, elle leva ses magnifiques yeux bleu vers moi. Je soutenais son regard, je lisais en elle de la résignation. Je ne voulais pas la brusquer donc je n'allais pas plus loin dans la discussion. Il faudra que je discute avec Charlie et June de se problème. Il est hors de question que ma femelle est la peau sur les os!

- Très bien.

Sans le vouloir je me mis à bailler. Elle avait peut-être dormi mais moi pas. La fatigue repris le dessus.

- Tu devrais aller te coucher.

- En profiteras-tu pour filer?

- Non.

- Ai-je ta parole?

En réalité je n'en avais pas besoin, vu que je sentais par le lien qu'elle ne mentait pas.

- Oui.

- Voudrais-tu dormir avec moi?

- Non.

- Tant pis. Mais n'hésite pas si tu as envie de dormir. Surtout ne t'endors pas sur le canapé, sinon tu auras mal au dos demain matin.

- Comment le sais-tu? Tu y dors souvent?

- Non, mais mon père parfois quand mes parents se disputaient. Leur dispute ne durait jamais longtemps grâce au lien d'âme sœur.

Je la voyais tiquer au moment je n'énonçais le mot âme sœur.

- Pourquoi grâce? Etre forcé de s'être ensemble alors qu'ils ne voulaient peut-être pas car ils s' étaient disputés. Peut-être même qu'ils ne s'aimaient pas vraiment?

Je grogna tellement fort que Sasha releva la tête après avoir sursauter de surprise.

- Mes parents s'aiment. Le lien ne te force à rien. Ton âme sœur n'est pas n'importe qui c'est celui ou celle qui te rendra le plus heureux au monde, c'est la personne qui t'es destiné qui comblera le vide dans ton cœur qui te compléteras.

- Je n'ai pas besoin qu'on comble un vide dans mon cœur puisqu'il y en a pas.

Mon loup grogna à nouveau. La colère devait se lire aisément sur mon visage mais je me retenais de lui crier dessus.

- A partir du moment que tu rencontres ton âme-sœur quand il ou elle n'est pas là tu ressens le manque.

- Donc c'est bien ce que je dis s'ils n'y avaient pas le lien, il n'y aurait pas de manque.

- Même sans le lien ils seraient tomber amoureux car pour mon père il n'y avait pas de meilleur femme que ma mère ainsi que pour ma mère il n'y avait de meilleur homme que mon père. Le lien ne réunit que deux personnes fait l'un pour l'autre, il renforce l'amour entre ses deux personnes.

- Si je comprends bien ce que tu me racontes, tu dis m'aimer?

Que pouvais-je répondre à ça? Si je dis oui je vais mentir car mes sentiments commencent à peine à naître mais ne sont pas encore complet et cela je le sais qu'ils ne le seront pas tant qu'elle ne m'acceptera pas comme compagnon. Si je lui dis non je lui donnerais raison alors qu'elle a tort.

- Comme tu ne répond pas tout de suite, j'imagine que j'ai raison. Tu ne m'aimes pas, rassure toi je ne t'aimerais jamais!

Mon loup hurla de rage. Comment pouvait-elle dire ça? J'avais l'impression d'avoir été poignardé un milliard de fois.

- Tu ne m'aimeras pas? Si je te quittais, je ne te manquerais pas?
- Exactement!

A nouveau mille poignard me transpercèrent le cœur.

- Très bien. On verra ça. Demain je te ramène chez ta mère. En attendant remonte dans la chambre et vas dormir!

Elle se leva immédiatement le sourire au lèvre. C'était le plus beau sourire que je n'avais jamais vu même si mon cœur se brisa à l'idée qu'elle était aussi heureuse de me quitter. Je venais de me rendre compte de l'énorme connerie que je venais de faire et j'allais le payer très cher.

Finalement c'est moi qui vais dormir sur le canapé.

*****

J'espère que ce chapitre vous a plu. Je me suis dit que ça vous ferez plaisir d'avoir un nouveau chapitre car j'avais un peu tardé pour posté celui d'avant!

N'oubliez pas de commenter!

A la prochaine!

Chapitre 8

Sasha

Je regardais le plafond depuis au moins deux bonnes heures sans pouvoir trouver le sommeil. J'avais hâte de rentrer. Je ne me sentais pas à ma place ici surtout à cause de ces histoires de Luna. August n'est pas méchant; il veut bien faire, il veut me plaire. Je n'avais rien contre lui à part le fait qu'il m'a kidnappée. Je ne suis pas idiote, il le fait car je suis son âme-sœur mais tout ça ce n'est pas pour moi. Je veux rester libre, faire mes propres choix sauf que je n'ai pas choisi d'être ici. Mon seul souhait est de protéger Mathilda et les enfants. Ils ont besoin de moi. Je n'ai aucune nouvelle d'eux et ça m'inquiète. J'espère qu'ils vont bien.

Je me retournais une nouvelle fois dans le lit qui est franchement très confortable quand j'entendis un bruit qui provenait qui ressemblait à un grognement. Ce son qui devrait me faire frémir de peur, réveillait en moi l'envie de sourire. Pas un de c'est faux que je sortais à longueur de journée au lycée ou à Ma quand je voulais la rassurer.

Non je ne vais pas bien et je n'irais jamais bien. Je n'ai pas le droit d'être heureuse. J'ai fait des choses qui n'emmènerons droit en enfer, dont je ne suis pas fière et qui hante chacune de mes nuits.

Encore un grognement. Il est de mauvais poil.

Je me levais sans vraiment savoir pourquoi. Une envie soudaine de le rejoindre.

Arrivé en bas, je découvris August se tourner dans tous les sens.

Je crois qu'il est vraiment pas confortable ce canapé.

Il n'arrive pas à dormir alors qu'il est mort de fatigue.

- Viens.

Pourquoi je dis ça moi?

Il se releva à vitesse de l'éclaire. Même dans la nuit je pus voir son regard surpris.

- Tu...

- Ce canapé n'a vraiment pas l'air confortable.

- En effet.

Je me retourna pour prendre la direction de la chambre.

- Tu veux bien que je dorme avec toi?

Je ne le regardais pas, je suis trop gênée pour le faire.

- Oui.

Nous sommes tous les deux allongés sur le lit avec un écart assez grand entre nous pour mettre deux autres personnes. Je n'avais pas vraiment envie de dormir, je le fais depuis deux semaines. Je sentais que lui non ne dormais pas. Va-t-on passé la nuit ainsi? Soudain le calme qui s'était installé dans la pièce fut troublé par les battements de mon coeur au moment où sa voix résonnât dans la pièce.

- Pourquoi ce soudain changement?

Que pouvais-je répondre? Autant dire la vérité.

- Je sais pas trop, je t'entendais grogner ça m'énervait.

- Intéressant. Es-tu bipolaire?

J'éclatais de rire tellement ça question était ridicule.

- Non!

Il se retournait vers moi en affichant sur son visage ce sourire qui ferait craquer toutes les filles.

- Pourtant tu change d'humeur comme de chemise. Tu me repousse puis tu ramène à toi. J'arrive pas à te comprendre.

- Il n'y a rien à comprendre. Avant d'être adopté, j'étais tout le temps sur mes gardes, guettant le danger qui pouvait venir de tous les côtés. Même dans la période de ma vie la plus sombre, il m'est arrivé de sourire.

Immédiatement mon esprit vagabonda dans mes souvenirs et sans pouvoir la retenir une larme glissa sur ma joue. Je tourna ma tête vers lui, lui qui fait naître en moi des sentiments inconnus ainsi que des sensations si rare autrefois.

- Sasha tu n'es pas obligé de me parler de ton passé. Mais si tu le voulais, je serai là pour t'écouter.

- August... je ne peux pas.

- Je ne te force pas.

Il souriait à nouveau mais cette fois-ci, on dirait le sourire d'un enfant.

- Est-ce que je peux te prendre dans mes bras?

Si ça avait été quelqu'un d'autre je l'aurai repoussé mais lui je ne pouvais pas. Lui m'attirait, lui me calmait, lui avait je ne sais quoi qui me poussait vers lui.

- Oui.

Il s'approcha toute en douceur, passant un bras en dessous de moi et ramena mon corps vers lui calant ma tête sur son torse.

J'étais si bien dans ses bras que malgré les heures de sommeil que j'avais eu, je m'en dormis aisément. Avant ça j'eu le temps d'entendre August.

- Sasha... tu es la seule avec qui j'agis en douceur. Tu es la seule qui arrive à me mettre en colère en une seconde et à me calmer en autant peu de temps. Je ne sais pas ce qui t'arriver mais je te promet de toujours te protéger et de ne jamais te faire souffrir.

Pourquoi suis-je sûr du contraire?

*****

Voilà, j'espère que ce chapitre vous a plu. Je sais qu'il est court mais je vous jure que le prochain sera long et que la relation de Sasha et August va passer un cap. Et patience plus que quelques chapitres avant de découvrir le passé de Sasha!

N'oubliez pas de commenter!

A la prochaine!

Chapitre 9

A ugust

Je la regarde dormir si paisiblement dans mes bras. C'est un tel soulagement qu'elle commence à m'accepter. Je n'arrive toujours pas à comprendre ce qu'il a pu se passer dans son enfance pour qu'elle en arrive là. Après la crise d'hier, j'ai appelé River et lui ai ordonné de fouillez dans le passé de Sasha mais aussi de Mathilda et Isaac. Je lui ai donné deux jours et je sais qu'il est largement capable d'accomplir sa mission dans ce laps de temps.

- Bonjour.

De magnifique yeux bleu me regardaient.

- Bonjour.

- Bien dormis?

- Je n'ai jamais aussi bien dormi.

Elle passa sa main dans mes cheveux faisant mine de les remplacer.

- C'est mieux ainsi.

Je souriais comme un gamin puis lui embrassa son front. J'étais heureux, vraiment heureux.

- Quand partons-nous?

Mon sourire disparut au moment même où je compris de quoi elle voulait parler. Je compris que j'avais sans doute fait la plus grosse connerie de ma vie.

- De quoi parles-tu?

- Tu m'as promis de me ramener chez moi.

Je viens de me prendre un énorme douche froide. Ce n'est pas le faite qu'elle veuille partir qui fit mal mais plutôt le fait qu'elle ne considérais pas cette maison comme la sienne. Elle ne se sent pas chez elle.

Mais merde que faut-il faire pour qu'elle accepte d'être mon âme-soeur, qu'elle m'accepte moi!

- Nous partons dans une heure.

Ma voix était froide et laissait entrevoir toute la colère qui me submergeait. J'étais tellement en colère contre elle, car elle m'a fait croire qu'elle acceptait enfin notre destin mais je vois qu'elle m'a menti. Elle était simplement heureuse de partir de me quitter, j'aurais du me fier à son sourire quand elle a quitté la table. J'aurais du mais j'ai voulu y croire. Sa mère disait qu'il allait falloir du temps pour qu'elle me fasse mais je vois que ça sera pareil pour moi. Cette nuit m'a fait comprendre que je ne peux pas lui faire confiance.

Peut-être que j'exagère que c'est de ma faute mais mon loup se sent trahit et je ne peux rien faire contre ce sentiment qui m'envahit.

- Tu n'as pas le droit d'être en colère contre moi! C'est toi qui m'a promis de me ramener chez moi!

- C'est vrai. Mais j'avais espoir que tu veuilles rester ici! Que tu te sentes chez toi ici! Que tu acceptes d'être mon âme-sœur!

- Et comment veux-tu que je me sente chez moi? Tu m'as forcé à venir! Tu me fait surveiller! Tu m'as bourrer de médicament et quand je dormais comment je peux savoir que tu m'as rien fait!

- Ah bah ça c'est la meilleur, tu penses que j'ai abusé de toi pendant ton coma?

- Exactement!

- Tu me prends pour qui?

- Pour un monstre! Je sais de quoi vous êtes capable les gens de votre espèce! Vous êtes tous des monstres!

Ma colère était si grande que je n'ai pas pu me retenir.

J'ai giflé Sasha et la trace de ma main est imprégné sur sa joue.

- Sasha... je voulais pas... je suis désolé...

Je tentais de me rapprocher d'elle mais elle me tenta de me repousser de toute ses forces alors je m'éloigna de moi même.

- Ne m'approche pas!

Elle se leva telle une furie et se tourna vers moi.

Pendant un instant j'ai eu devant moi, la plus belle femme au monde avec un magnifique halo de lumière autour d'elle. Et je compris que malgré le peu de temps passé ensemble, celui-ci m'a fait tomber amoureux d'elle.

Je veux la prendre dans mes bras. Je veux lui faire à manger. Je veux lui parler toute la nuit si je peux. Je veux l'embrasser. Je veux la protéger. Je veux qu'elle m'aime car je l'aime.

- N'attendons pas une heure. Je veux partir immédiatement.

- D'accords.

Je n'avais pas le droit de la retenir, car elle a raison, elle ne peux pas m'aimer. De toute façon je sais qu'elle me reviendra, le lien a commencé à être tisser. Lorsque le lien commence il est impossible de le briser même lorsqu'il n'est pas encore achever.

Quand elle reviendra, je la ferais tomber amoureuse de moi. Je lui donnerais tout ce qu'elle voudra. Je l'écouterais et ferais en sorte qu'ici devienne chez elle. Elle pourra avoir confiance en moi

Je te le promet.

- Alors va chercher ton sac. Nous partons.

Plus vite tu partiras, plus vite tu reviendra.

Sasha

Nous roulons depuis presque une heure dans un silence total. Je sais que je l'ai blessé. L'autoriser à venir dormir avec moi et de me prendre dans ses bras étaient une erreur, je l'ai fait espérer. Il est si froid depuis de matin que sans savoir pourquoi je ressens une douleur étrange dans la poitrine. J'ai l'impression que mon cœur se serre dans ma poitrine comme s'il était écrasé.

En réalité je sais que j'ai mal car il a mal. Une partie de moi ne veux pas partir, elle veux rester là-bas, elle veux rester dans ses bras. Sauf qu'une autre veux rentrer et celle-ci que j'écoute et cela depuis longtemps.

Je laisse tout de même la partie de moi qui a commencer à l'aimer, savourer ces derniers instants avec lui.

Le quitter me fera sans doute souffrir, mais rester le fera tout autant. Etre enfermé ainsi me rappelle tant de mauvais souvenir.

- Nous sommes arrivés.

Il avait raison, nous étions arrivés et je m'en étais même pas aperçus.

Il sortit de la voiture et claqua bruyamment la portière, je fis de même mais avec plus de douceur.

Alors que je le regardais sortir mon sac du coffre, une dizaine d'enfant accourus vers moi.

- Sasha!

Chloé me sauta littéralement dans les bras.

- Chloé, ma puce.

Je lui embrassais doucement ces petites joues et la déposais doucement pour pouvoir prendre les autres dans mes bras.

- Cassie, tu as bien grandit.

Cette chipie était vraiment belle même si elle était encore si jeune.

- Oui, je fais presque la taille de Jules.

- Attends laisse moi voir.

Je la déposa et la mis à coter de Jules.

- C'est vrai mais il est encore un peu plus grand.

- Sasha...

- Ethan, ça va.

- Pourquoi... t'es parti?

Ce petit garçon de 4 ans avait vraiment le chic pour poser les questions qui ne fallaient pas et auquel on ne pouvait répondre aisément.

- Je...

- Les enfants rentrer dans la maison.

Je déposa doucement un bisou sur le front du plus jeune des garçons et regarda les petits monstres rentrer en courant dans la maison.

- Mathilda.

Derrière elle se trouvait une magnifique jeune fille qui pouvait être une véritable peste avec les autres mais jamais avec sa famille.

- Eh bah, j'ai cru que tu reviendrais plus tôt.

- Jessica par contre toi t'es toujours aussi petite.

- Toi toujours aussi maigre.

Elle courus vers moi et me sauta dans mes bras.

- Tu m'as manqué.

- Toi aussi.

Elle me lâcha et je la vis regarder derrière moi.

- Je peux savoir pourquoi tu es de retour alors que tu peux avoir ce magnifique beau gosse.

- Jess.

Elle est désespérante

- Bonjour.

Je le sentais se rapprocher de nous.

- Je suis Jessica, la sœur de Sasha.

- August, son...

- Âme-sœur. Mathilda nous en a parler, le jours où tu l'as enlev... emmené.

- Tu as raison, je l'ai enlevé.

Je me retourna d'un coup, venait-il réellement d'admettre m'avoir enlevé?

Je crois que pour la première fois, je vis August comme un homme. Il se tenait droit et ont pouvait voir une sorte d'aura émané de lui qui lui donnait l'air d'un homme puissant et confiant qui n'a peur de rien. Je le voyais pour la première fois comme l'Alpha qu'il était. J'étais subjugué par sa beauté et sa maturité.

- Voulez-vous prendre le thé?

Je ne mettais pas rendu compte pendant ma contemplation que Ma s'était elle aussi rapproché.

- Je ne crois pas que ce soit une bonne idée.

L'idée même qu'il parte me révulsais. Alors qu'il se retournait en direction de la voiture, j'attrapas sa main instinctivement.

- Tu peux rester prendre le thé, ça fera plaisir Ma.

- Si tu le veux bien.

Le même silence que dans la voiture s'était installé. Jessica semblait s'en amusé alors que Mathilda restait plongé dans ses pensées quand soudain elle releva la tête affichant un air inquiet.

- Pourquoi êtes-vous là?

- Il m'a... autorisé à revenir vivre ici.

- Est-ce vrai?

- Oui.

Le ton de sa voix était redevenu froid et distant. D'ailleurs il s'était assis le plus loin de moi.

- Je suis heureuse de te revoir Sasha mais c'est une bêtise.

- Je ne vois pas pourquoi, c'est ici chez moi.

Elle daigna enfin me regarder.

- Plus maintenant.

Ces mots étaient comme des poignards qu'on avait profondément enfoui en moi. J'étais tellement blessé que je remarqua à peine que Jessica quitta la pièce.

- Tu ne veux plus de moi?

- Ma petite tu seras toujours la bienvenue ici.

Je ressentis un léger soulagement.

- Mais ta place n'est plus avec nous mais au coté de ton âme-sœur. D'ailleurs je ne comprends pas comment avez-vous pu l'accepter.

- Je n'ai rien eu à accepter c'est moi qui lui ai... proposé.

Je sentis Ma retourner à ses pensées, cherchant sans doute à comprendre.

Tout à coup je sentis une petite main se pose sur ma joue. Je reconnus immédiatement Leslie.

- Coucou ma puce.

- Est-ce que c'est ton chérie?

- Euh... pourquoi demandes-tu ça?

- Jessica a dit que c'était ton chérie.

Jessica...

- Je ne le suis pas.

Je ressentis de nouveau une douleur dans ma poitrine et pendant un instant mon souffle se coupa.

- Alors qui es-tu?

Elle se rapprocha prudemment de lui.

- Je suis un Alpha.

Étrangement observer Leslie à coter d'August me fit me demander comment agirait-il si c'était notre enfant.

- C'est quoi un Alpha?

Étonnamment August prit Leslie sur ses genoux et ceux avec la plus grande douceur. Il leva les yeux dans ma direction, esquissa un sourire et alla même jusqu'à lever un sourcil.

- C'est le chef d'une meute.

- C'est quoi une meute?

- Disons que c'est un groupe de loup.

- Ah alors Isaac...

Je l'interrompis immédiatement.

- Leslie!

Remarquant l'incompréhension dans le regard d'August, je devais vite trouver une solution pour éviter qu'il ne demande à Leslie de terminer ce qu'elle avait commencé. J'entendis un craquement derrière la porte et alors me vint soudain une idée.

- Voudrais-tu demander à tes frères et sœur de venir au lieu d'être planquer derrière la porte?

- Pas besoin, ils sont déjà là.

August pointa du doigt l'attroupement former derrière moi.

- Approchez vous que je puisse vous présenter.

Ils s'approchèrent tous un par un.

- August voici donc Cassie, 5 ans. Chloé, 7 ans. Tessa, la sœur jumelle de Leslie. Tu as déjà rencontrer Jessica. Chez les garçons nous avons donc Ethan, 4 ans. Jules, 5 ans. Gaspard, 7 ans et Mathieu , 8 ans. Et j'ai l'impression que Isaac qui a 15 ans n'est pas là, il doit être avec ses amis.

- J'ai déjà rencontrer Isaac quand je suis venu la première fois. Il m'a paru très... avenant.

Je remarquais facilement son sourire moqueur ce qui fit demander ce qu'avait bien pu raconter Isaac.

- Parfait comme ça tu connais tout le monde.

- Les enfants allaient donc jouer dehors.

Mathilda venait enfin de sortir de son silence.

- Oui, Ma!

- Jessica va avec eux pour les surveiller.

- A vos ordre, madame.

- Bon je crois qu'il est temps que vous partiez August. Sasha va mettre ton sac dans ta chambre.

- Je ne vous dérangerais pas plus longtemps.

Je restais là sans bouger. Je ne voulais pas qu'il parte.

- Tu... je...

- Va mettre ton sac dans ta chambre, il sera toujours là quand tu reviendra.

Je sais qu'elle me mentais, j'ai toujours su quand elle me mentais, mais je savais qu'elle me laissait la chance de le laisser partir.

- Oui.

Isaac

Je revenais d'une sortie entre amis quand je surpris une conversation que je n'aurais jamais du entendre.

- J'espère que vous avez raison d'agir.

Ma et August, l'âme-sœur de Sasha discutaient ensemble sous le porche de la maison. Ma n'était pas comme d'habitude; j'ai toujours cru que c'était une vieille dame qui avait passé sa vie à s'écraser devant les autres pour la première fois elle m'apparaissait comme une femme forte, intelligente et sage. Je voyais une grande dame se dresser devant l'un des plus fort Alpha.

- C'est le seul moyen pour qu'elle comprenne.

- Peut-être mais je n'aime pas la savoir en danger. Elle l'a suffisamment été autrefois.

- Veiller simplement qu'elle ne soit jamais seule et dès qu'elle sera au bord de... de... prévenez moi immédiatement.

- Approche Isaac.

Comment savais-t-elle que j'étais là? Elle était incroyable. Je décidais de sortir de ma cachette.

- August.

Il me tendit un bout de papier.

- C'est mon numéro de téléphone personnel. Au moindre problème tu m'appelles.

- Ok.

Il partit sans se retourner.

- Je comprends pas. Pourquoi est-il là?

- Il a ramené Sasha.

- Quoi! Mais il ne peut pas la laisser, c'est trop...

- Tais-toi! N'en parlons pas. Nous verrons ce qu'il se passe. Tu ne dois jamais la laisser seule.

Ellipse deux jours

- Je pense vraiment pas que ce soit une bonne idée, Sasha!

L'idée n'était autre que de retourner au lycée.

- Et pourquoi donc?

- Parce que tu...

- Je?

- Tu portes un pull en plein mois de juin!

Et que tu n'as pas arrêter de faire des cauchemars et de pleurer toute la nuit.

- J'ai simplement froid.

- Sasha, c'est impossible de trembler de froid en juin.

- La preuve que si! Ah Harry ça fait longtemps!

Elle ne m'écoutait plus et se dirigeait vers la loge du vieux gardien. Je décidais de laisser tomber de toute façon elle est aussi têtue qu'un âne. Je me dirigeais donc vers mes amis.

- Alors comme ça ta sœur est de retour?

Mon pote qui était complètement à fond sur Sasha depuis le première jour, souriait comme un gosse le jour de noël.

- Pas pour longtemps.

C'est vrai, il va venir la chercher car à cause du lien d'âme-sœur ils ne peuvent pas être séparer trop longtemps au risque de mourir.

- Pourquoi?

- Il va bientôt revenir la chercher.

- Sasha n'est pas chien que dépose en pension!

- Tu peux pas comprendre.

- Parce que toi oui?

- Oui.

Et c'est la vérité ou en tout cas ça le sera le jour où...

N'y pense pas!

- Isaac!

Oh non putain pas elle!

- Elise.

- Qu'est-ce que Sasha fait là?

Pour une raison que j'ignore Elise déteste Sasha comme la plupart des filles de ce bahut, peut-être parce que tous les mecs voulaient sortir avec elle. La voir partir aurait du être un soulagement pour ces filles mais elles ont été encore plus jalouse et pestes après. Alors qu'elle n'étais pas la, Sasha s'est fait insulté de tous les côtés. Maintenant qu'elle est de retour, j'ai peur que ça se retourne contre elle.

- Tu n'as pas besoin de le savoir.

- Pourquoi es-tu si froid avec moi?

Parce que tu ne t'es rapproché de moi simplement pour avoir des infos sur Sasha pour lui nuire! Mais bon je vais être gentil.

- Peut-être parce que tu n'arrête pas d'insulter ma sœur!

- Elle n'est pas ta sœur!

Entendre ces mots sortir de sa bouche me m'étais hors de moi.

- Je te conseille de te taire. Sasha est ma sœur même si ce n'est pas par le sang. Je lui dois tout, sans elle je ne serais pas là.

- Pouf...

- Isaac, je crois que ta sœur a des ennuis.

Je me retournais vers l'endroit montrer par mon pote et découvris un attroupement autour de Sasha. Puis soudain elle s'effondra par terre.

- Sasha!

Je me précipita vers elle bousculant toutes les personnes qui se mettaient sur mon chemin. Lorsque les filles près d'elle remarquèrent que j'arrivais, elles donnèrent des coups pieds à Sasha qui était par terre.

- LAISSEZ LA!

Elles reculèrent instantanément mais avec le sourire au lèvre montrant qu'elles étaient fières d'elles.

Je la pris dans mes bras son corps gelé.

- Merde je t'avais dit que c'était une mauvaise idée!

- Isaac... j'ai si froid...

Elle arrivait à peine à ouvrir ses yeux. Son teint était encore plus pâle que d'habitude presque aussi pâle que le mien. De plus ses lèvres étaient devenu bleu.

- Je sais.

- Il...me... manque tellement.

Elle peinait à parler et tout son corps tremblait.

- Chute ne t'inquiète pas. Ça va aller.

Je pris mon téléphone et chercha le numéro d'August que j'avais heureusement enregistré ce matin. Après quelques sonneries, il décrocha enfin.

- Ta intérêt de te dépêcher de venir au lycée si tu veux pas perdre ton âme-sœur!

A peine l'avais-je entendu se lever d'un bond que je raccrocha.

- August...

- Chut... il arrive...

- Sarafine...

Merde!

*****

Voilà un nouveau chapitre qui j'espère vous plaira.

N'oubliez pas commenter pour m'aider à m'améliorer.

A la prochaine.

Chapitre 10

Auguste

    Deux jours que je l'ai laissée là bas. Deux jours de souffrance à penser sans cesse à elle. Heureusement qu'on était le weekend car je n'aurais pas pu me concentrer un seul instant sur le travail. Hier River m'a apporté le dossier qu'il a formé sur Sasha et sa famille grâce aux informations qu'il a pu trouvé. Je n'ose pas l'ouvrir de peur de trouver quelques choses de... de je sais pas quoi. J'y ais réfléchis toute la nuit, est-ce qu'il contient vraiment les réponses à mes questions. J'ai peur d'apprendre la vérité sur le passé de Sasha. J'ai peur de découvrir ce qu'elle a vécu. Le dossier étant dans mes mains et de toute façon tant que je ne l'aurais pas ouvert je ne sais bon à rien; je décida de l'ouvrir.

    *

- Célestine va chercher River.

    En attendant qu'il arrive, je relisais à nouveau le dossier. Mais il y'avait rien de plus que la fois d'avant. Heureusement River arriva rapidement.

- Tu peux m'expliquer?

Je balançais le dossier sur mon bureau.

- De quoi?

- Je t'ai laissé deux jours et toi tu n'as rien trouvé ultérieur à 5 ans!

- Parce qu'il n'avait rien.

- Comment ça?

- Le truc le plus vieux que j'ai trouvé est l'adoption de Sasha par Mathilda Light il y a cinq ans.

- Et pour Mathilda? Elle a dit avoir été élevé dans une meute.

- Je ne sais pas, peut-être. L'adoption de Sasha est aussi la plus vieille information que j'ai trouvé. Pendant ces cinq ans, elles ont beaucoup déménagé et après un ans toutes les deux Mathilda Light a adopté Isaac puis quelques mois après ça été Jessica, Chloé, Leslie et sa soeur Tessa. Un an après il y a eu Mathieu, Gaspard, Cassie Jules et Ethan qui n'était qu'un bébé. Et enfin il y a quelques mois est arrivé Emily. Le plus étrange c'est que comme pour Sasha il n'y a aucune information sur eux avant leur adoption.

Il n'y a donc qu'une seule explication.

- Donc pour aucun ce n'est le vrai identité.

Je comprends pas, j'arrive pas à résoudre le puzzle que toutes ces informations forment dans ma tête et le manque ne m'aide pas à réfléchir.

- J'ai essayé de trouver la véritable identité de Mathilda ce qui aurait pu nous aider pour trouver celle des autres mais il n'y avait vraiment rien.

- Comment a-t-elle pu effacer ses traces ainsi?

- Je ne serais pas étonné qu'ils soient sous protection policière.

- Quoi?

- Seule la police peut t'effacer comme ça ou alors c'est qu'ils n'ont tout simplement jamais existé avant d'être adopté.

Putain il ne pourrait pas être plus clair!

- Explique toi!

- Eh bien j'ai quelques théorie plus ou moins plausible.

Je n'ai pas la tête à écouter des histoires.

- Dis la plus réaliste.

- Peut être que les gosses proviennent d'un trafic d'être humain.

Je viens de prendre une sacré claque.

- Pardon?

- Ils pourraient avoir tous été enlevés à leur famille ou bien vendu quand ils étaient tout petit à des trafiquants. Il n'y alors presque aucune trace d'eux à part leur acte de naissance et surement du coup un faux acte de décès pour éviter les problèmes.

J'y crois pas il me fait une blague.

- Tu es sûr que c'est le plus probable?

On dirait le scénario d'un thriller.

- Oui.

Putain j'y crois pas, il est très sérieux. Imaginer Sasha au main de criminel qui l'ont sans doute torturer et ... me met dans une rage folle.

- Essaye de trouver des preuves.

- Je ne pense pas que ce soit une bonne idée. Faire trop de recherche sur eux pourrait éveiller les soupçons.

Mais qu'est-ce qu'il raconte?

- Et de qui?

- Eh bien a ton avis pourquoi ils ont changé d'identité?

- Pour ne pas être retrouvé.

- Exactement. Je pense que Sasha a réussi à s'échapper il y a cinq ans et a trouvé la police. Elle leur a donné des informations sur le trafic puis a été confié a quelqu'un dans ce cas précis Mathilda qui a donc changé elle aussi d'identité . Surement que les autres gamins proviennent du même trafic et qu'ils ont pu être retrouvé grâce à Sasha et ils ont été ensuite confiés à Mathilda.

Putain s'il a raison ces gosses ont du vivre un enfer. Je repensais soudainement à cette petite Cassie qui n'a que cinq ans.

- River tu te rends compte que si tu as raison, ces gosses doivent être traumatisé.

- J'imagine. Cependant je pense que les plus petits ne s'en rappellent pas trop car si on se réfère à leur âge d'adoption ils avaient tous moins de cinq ans. Tous à l'exception d'Isaac qui avait 11 ans et Jessica qui avait 9 ans.

- C'est vrai que qu'en je les ai vus ils avaient l'air de gamins à l'enfance basique.

Il y a un truc que je comprends c'est comment il en est venu à cette hypothèse.

- Comment t-en ai arrivé à cette conclusion?

- Tu te souviens que j'ai travailler en tant que journaliste avant de devenir le chef de la garde. Eh bien à cette époque j'ai interviewé une gamine qui avait été enlevé à l'âge de 10 ans et qui a réussi à s'enfuir 8 ans plus tard. J'ai pu parlé avec ses parents et ils m'ont décris son comportement notamment qu'elle faisait depuis son retour d'importante terreur nocturne.

- Comme Sasha.

- Exactement et après il y a son comportement qui m'a mit su la piste ainsi que son corps.

Savoir qu'il l'avait observer me mit en colère. Pourtant je me rappelais qu'il ne l'avait jamais vu.

- Tu as vu toutes ses cicatrices? Celle sur son poignet pourrait faire penser à des marques d'attache. Ensuite elle est très pâle, sauf que sa pâleur ne semble pas très naturelle c'est comme si elle avait vécu longtemps sans voir le soleil. Et enfin sa maigreur qui n'as pas l'air de la gêner comme si elle l'avait toujours été.

- Comment sais-tu tout ça? Tu ne l'as jamais vu.

- Pour ses terreurs nocturnes, la meute entière est au courant. Et pour le reste c'est Jacob qui m'en a parlé et j'ai pu la voir de loin. Et dois-je te rappeler que je peux entendre tes pensées quand nous sommes en loup.

Ce lien de loup est vraiment casse pied parfois.

- J'aimerais que tu dises pour moi à Jacob de ne plus parler de ma femelle dans mon dos.

- Je lui dirais.

- Tu peux y aller.

Je regardais par la fenêtre de mon bureau le paysage qui s'étendais devant moi. Je n'arrêtais pas de penser à ce que m'avait raconter River. Si je croyais en Dieu je aurais prié pour qu'il se soit trompé. Je n'y connais presque rien en trafic à part qu'il arrive parfois que ce soit des loups avec des particularités qui soient trafiqués et lorsque c'est découvert c'est à la meute la plus proche de le sauver et de le prendre en charge. Sauf que ces loups sont souvent compliqués à gérer étant donné qu'ils ne connaissent rien à la meute et qu'ils sont aussi très agressifs quand ils sont en loup mais très apeuré quand ils sont en humain car ils sont rarement autorisé à se transformer en cette forme.

Tout à coup mon téléphone se mit à sonner. Je me remis donc à mon bureau et découvris que le numéro était inconnu. Mon cerveau se mit en marche à vitesse grande v en comprenant que la seule personne qui pourrait m'appeler sur mon téléphone privé et à qui je n'ai pas enregistré son numéro est Isaac. Je venais à peine de décrocher quand une voix hurla dans le téléphone.

- Ta intérêt de te dépêcher de venir au lycée si tu veux pas perdre ton âme-sœur!

Je venais de me lever d'un bond quand Isaac raccrocha.

Merde, Sasha qu'est-ce que j'ai fait?

Je sortis de bureau et descendis tous les étages en courant sans me préoccuper des interrogations de mes employés et de Jacob. Alors que j'étais en bas de l'immeuble je découvris avec horreur qu'il y avait un énorme embouteillage dans la direction que je devais aller. Pas le temps de chercher un endroit où me cacher, je me transforma en loup devant mon personnel et les passants. De toute façon ils connaissent tous l'existence des loups-garou, de plus toute personne qui travailleur pour MortonCorp sait qu'elle appartient à une famille de loup.

Je courais aussi vite que je le pouvais et j'allais sans doute que si j'avais été en voiture même sans bouchon. Je venais d'arriver dans la ville de Sasha, j'étais en plein centre-ville dans ma forme de loup mais je m'en fichais. Le plus important pour moi était de trouver où se situait le lycée car je m'en souvenais pas. Soudainement je sentis l'odeur de Sasha et devina le chemin à suivre.

J'étais devant le lycée et heureusement pour moi les grilles étaient ouverte. Il ne me fallut longtemps pour trouver où était Sasha et Isaac, un énorme attroupement s'était créé autour d'eux.

Sous mes grognements, les gens se poussaient étonné mais surtout terrifié de découvrir qu'un grand loup noir était derrière eux.

La vision du corps de Sasha allongé au sol avec Isaac les larmes aux yeux était atroce pour mon loup et moi. Je m'approchais doucement et lorsque Isaac me découvris il recula instantanément. J'avais si mal, et je savais que c'était parce qu'elle avait mal.

Sasha.

J'approcha mon museau de son visage et découvris avec horreur qu'elle était glacé et que même ses lèvres étaient bleu.

- August...

Alors même qu'elle était au porte de la mort par ma faute, elle continuait de m'appeler.

- August t'as intérêt de trouver une solution car il est hors de question que je perde ma sœur à cause de tes conneries et ton manque de patience!

Je savais qu'il n'y avait qu'un seul moyen pour inverser le processus, il fallait que je la marque. Sauf qu'elle ne le voulait pas et qu'à cause de ça elle m'appartiendrais à jamais. Lorsque deux âmes sœurs se marquent c'est bien plus que ce marier. C'est ce promettre une fidélité absolue, en quelques sortes on ne s'appartient même plus. Notre âme sœur devient notre priorité pour tout. On ne plus rien se cacher. Or je sais que Sasha veux absolument garder sa liberté et ses secrets et la marquer lui enlèverais tout cela.

- August marque la!

Je le regardais et je pus voir qu'il pleurait.

- C'est le seul moyen de la sauver! Je ne veux pas perdre celle qui m'a sauvé! Elle ne mérite pas de mourir ainsi par après tout ce qu'elle a vécu! Elle doit vivre! Je t'en supplie marque la!

Je me retourna vers ma femelle et me rendais compte qu'elle me regardais de ses beaux yeux bleu.

- August...

Je couinais, j'entendais à sa voix qu'elle étais si faible.

Sous le regard de tous je me retransforma. Je savais que j'étais nu mais je m'en foutais royalement.

- Je ne le peux le faire sans ton autorisation.

- August... j'ai si froid... tu m'as tellement manqué.

- Je sais toi aussi.

Je lui caressais doucement son visage.

- Je... ne... veux pas... mourir.

Il ne m'en fallut pas plus pour la prendre dans mes bras et planter mes crocs en elle. Je sentis son sang coulé dans ma gorge. Je n'avais jamais ressenti une telle chaleur. Je me sentais complet. Alors que je lâchais son cou, je sentis à mon tour des crocs dans mon cou. Cette sensation était folle, une chaleur infini se répandis en moi. Puis à son tour elle me lâcha. Je pus voir avec un énorme soulagement que ses lèvres avaient repris leur couleur habituelle et son corps avait de nouveau une température normal. Je la vis me sourire, elle ne m'avait jamais sourit ainsi ; j'en étais si heureux.

- J'ai chaud.

Je devais certainement sourire comme un gamin mais je m'en foutais. Puis elle s'endormis dans mes bras. Elle n'avait pas bien dormis cette nuit.

- Putain j'ai eu une de ses peur.

Je me leva avec Sasha toujours dans mes bras.

- Euh August tu n'as pas d'habit à te mettre?

Merde c'est vrai que j'étais nu et maintenant que je savais que Sasha était en sécurité, c'étais plutôt gênant surtout qu'il y a avait des jeunes filles.

- Tiens.

Isaac me lança un survêtement que j'attrapais en vol.

- Prends la pendant que je le mets.

Je lui tendis Sasha qu'il prends avec grande délicatesse. Je mis rapidement son survêt avant de la reprendre.

- Quelqu'un peut m'expliquer ce qu'il se passe?

Le proviseur venait à peine d'arriver alors que je savais que Sasha avait été inconscient pendant une demi-heure avant que je n'arrive.

- C'est cette Sasha qui a encore foutu la merde comme d'habitude.

Entendre cette gamine parler ainsi de ma compagne me mettait dans une colère noire. Je me tourna vers elle immédiatement vers elle.

- Tu as intérêt à ne plus jamais parler de ma femme ainsi si tu veux rester en vie!

Je la voyais tressaillir à ma menace qui était des plus sérieuses.

- Comment osez-vous parler à ma fille ainsi?

- Et vous comment ça se fait-il que vous n'arrivez que maintenant? J'espère pour vous que la prochaine fois qu'un de vos élève serra inconscient dans votre établissement vous arriverez plus vite!

Je me retournais vers Isaac.

- Amène moi chez toi, j'ai à parler avec ta mère.

- Suis moi.

- Je ne vous dirai rien.

- Sasha est ma compagne, j'ai le droit de savoir ce qu'il lui est arrivé.

Après qu'Isaac m'est montré le chemin de leur maison et que j'ai déposé Sasha dans son ancien lit pour qu'elle se repose, j'ai décidé de discuter avec Mathilda du passé de Sasha mais comme à son habitude elle m'a proposé de prendre le thé et a refusé de me dire quoi que ce soit.

- Ce n'est pas à moi de le faire.

- Alors parler moi de vous.

Elle leva un sourcil dans ma direction.

- Je sais que Mathilda Light n'est pas votre vrai identité.

Elle souriait d'un air amusé.

- Je vois que vous avez fait des recherches sur nous. Vous n'avez rien trouvé sur nous remontant à il y a plus de cinq ans, n'est-ce pas?

- Tout à fait.

- Vous avez raison. Je ne suis pas né Mathilda Light mais je le suis devenu il y a cinq quand j'ai rencontré Sasha. Mathilda était le nom de ma mère.

- Vous avez dit avoir été élevé dans une meute, pourquoi?

- Eh bien parce que j'ai été élevée dans une meute. Mon père était un homme alcoolique et violent; après une énième dispute ma mère est parti en pleine nuit d'hiver avec moi dans ses bras. Nous vivions à l'écart de la ville alors en voulant la rejoindre elle s'est perdu dans la forêt. Un loup de la meute voisine nous a retrouvés mais c'était trop tard elle était morte de ses blessures et du froid. Il m'a recueilli et m'a élevé comme sa fille. J'y ai vécu jusqu'à ma rencontre avec Sasha.

- Comment l'avez-vous rencontrer?

- Eh bien mon petit si je vous le disais, je vous raconterais son passé. Vous vouliez me parler d'autre chose?

- Eh bien oui.

- Et de quoi voulez vous donc parler?

- J'ai une proposition à vous faire.

*****

Voilà encore un chapitre. J'espère qu'il vous a plu. J'ai une question : pensez-vous que la théorie de River soit vrai? Mettez la réponse dans les commentaires!

A la prochaine.

Chapitre 11

S asha

Je n'ai pas trop de souvenir de ce qu'il s'est passé après qu'August m'est ramené à la maison. Je me souviens simplement d'une grande sensation de froid et de manque puis d'une immense chaleur qui m'a envahit ainsi qu'une sorte de complétude. Je me sens si bien actuellement, complète pour la première fois. Je me demande bien pourquoi je ressens tout ça alors que je ne me suis jamais senti incomplète. C'est en repensant à avant ma rencontre avec August que je me sens incomplète.

Soudain c'est comme si tout me revenait d'un coup. Le départ d'August. Mon week-end rempli de cauchemar et de pleur. Le lycée. Le froid toujours plus important. August en loup. August qui me... mord. La chaleur. Puis trou noir.

Je décidais d'ouvrir les yeux et découvris que j'étais de retour dans la chambre d'August. C'est étrange mais en pensant à lui j'ai l'impression de savoir qu'il n'est pas loin sauf que je regardais tout autour de moi et il n'étais pas là.

Je sentis une bonne odeur provenant sans doute de la cuisine qui réveilla mon estomac mais avant d'aller manger j'avais besoin d'une bonne douche.

Alors que je me déshabillais comme à mon habitude en tournant le dos au miroir une mèche de cheveux passa devant mes yeux.

- Ah!!!!!!!

J'entendis soudainement un grand bruit provenant de l'étage d'en dessous puis quelqu'un qui courrait dans les escaliers.

- Sasha?

August venait d'entrer dans la salle de bain en trombe.

- Qu'est-ce qu'il y'a?

Ma nudité devait le gêner car il se couvrit les yeux de ses mains.

- Mes cheveux? Qu'est ce que tu as fait à mes cheveux?

- Euh...

- Avant j'étais blonde et maintenant ils sont noirs!

- C'est-à-dire que...

Mais il va parler!

- Que!

- C'est parce que je t'ai...

- Tu m'as?

- Marqué...

Douche froide intense. Car je sais ce que veux dire marqué pour un loup.

- Tu m'as... MARQUE!

MA voix reflétait toute la colère qu'il venait de me submergé.

- Je n'avais pas le choix!

- Je... Tu as intérêt à avoir une bonne explication pour m'avoir marqué sans une bonne explication je te jure que je te tue!

- Tu étais entrain de mourir seul te marquer pouvait te sauver.

- Tu n'avais pas le droit de me marquer sans mon consentement!

- Tu m'as dit ne pas vouloir mourir!

Je restais bouche bé. Moi qui dit ne pas vouloir mourir alors que je n'attends que ça.

- Tu mens!

- Non! Et tu le sais!

C'est vrai je le sais il ne ment pas, j'ai dit ne pas vouloir mourir.

- Tu m'as marqué...

Ce n'était pas une réprimande mais simplement une affirmation qui venait de faire écrouler mon monde. Je venais de perdre ma liberté et à jamais. Je m'écroulais par terre, c'était trop pour moi.

- Sasha...

Sa voix était une sorte de douce lumière dans mon monde que les ténèbres venaient d'envahir.

- Je ne voulais pas te perdre. Tu es ce qui m'est arrivé de meilleur dans ma vie. Même si on ne se connait pas depuis longtemps, même si tu ne cesses de me repousser. Je suis tomber amoureux de toi.

Il m'aime? Entendre ces mots étaient un important réconfort. Il m'aime. J'en étais persuadée.

Il se rapprochait doucement de moi et se baissait face à moi.

- Je ne pouvais pas te laisser mourir. Tu m'es si importante.

J'ai le souffle coupé. Personne ne m'a jamais parlé ainsi. Je n'ai jamais été la priorité de personne. J'ai besoin de lui poser une question très importante à mes yeux mais qui pourrait être interpréter de la mauvaise façon.

- Est ce que tu...

Il prit mon visage entre ses mains. Autrefois j'aurais été horrifié et je me serais débattu mais pas avec lui; c'est même le contraire ce geste me rassure et me calme.

- N'es pas peur de me parler. Jamais.

- Est ce que tu me fera mal parce que tu m'aimes?

Il me regardait l'air choqué par ma question. Puis soudainement il me prit dans ses bras.

- Oh Sasha... ma chérie jamais je te ferais du mal. Je ne sais pas ce que tu as vécu par le passé mais sache que toute personne qui te fera du mal en te disant que c'est par amour te mentira, car quand on aime quelqu'un notre priorité absolue est de savoir que la personne est en sécurité, à l'abri des dangers.

- Ce n'est pas ce que j'ai appris.

- Je ne sais pas ce que tu as vécu donc je ne sais pas comment te le faire comprendre. Mais la personne qui t'as fait du mal, t'as menti en disant qu'il le faisait par amour. Crois moi.

- Je te crois.

Je le senti sourire.

- Viens.

Il se lève avec moi toujours dans ses bras.

- Tu adores me porter en mode princesse.

- Je l'avoue.

Je rigolais légèrement apaisé par cette légèreté entre nous. Alors que je voyais qui nous faisais quitter la pièce. Je l'arrête par un léger coup de tête sur son épaule.

- Quoi?

- Il faut que je prenne une douche.

Il me déposa doucement au sol.

- Je t'attends pour le petit déjeuner. Ne t'attarde pas trop.

- D'accords.

Il sortit tranquillement avec j'en suis sûr le sourire au lèvre.

August

Bon c'était pas si terrible que ça.

Je la regarde tranquillement boire son thé; elle a l'air détendu et ça me fait du bien car avant elle était tout le temps sur ses gardes à l'affût du moindre danger. Malheureusement comme à son habitude elle n'a presque rien mangé.

- Tu ne veux pas manger plus?

- Je n'en ai pas besoin.

Entendre à nouveau cette phrase me met en colère. Je hais la personne qui l'a formaté ainsi mais je ne laisse rien paraître par peur de l'effrayer.

- Pourquoi es-tu en colère?

Elle me regardait de ses beaux yeux bleu.

- Comment tu...

- Je l'ai senti.

Elle me souriait d'un sourire satisfait. Merde j'avais oublié que maintenant j'avais aussi un lien avec elle. Je devais sourire comme un gamin car elle me regardait d'un air étonné.

- Pourquoi souris-tu comme ça?

- J'avais oublié qu'on était lié maintenant.

- Alors c'est vrai?

Merde j'étais tellement absorbé par Sasha que je n'ai pas senti Célestine arriver.

- Célestine que fais tu là?

Je vois que Sasha est embarrassée par sa présence. Je me demande si elle est au courant de notre passé?

- Eh bien je suis venu voir mon petit ami.

Eh bien si elle l'était pas maintenant elle l'est.

Je remarque un sourire très satisfait aux lèvres de Célestine. Soudainement mon esprit est ramené à Sasha par un bruit de verre cassé. Je ressentais un étrange picotement dans ma main droite.

- Sasha?

Elle venait de casser son verre de jus d'orange dans sa main.

- Sasha je... tu dois te faire soigner la main. Suis moi.

Son regard était plongé dans le vide.

- Je n'en ai pas besoin.

- Bien sûr que tu en as besoin! Tu saignes!

- Ce n'est pas grave.

Ne ressent-elle donc pas la douleur? Moi en tout cas je la sens qui grandit dans ma main.

- Ne racontes pas t'importe quoi!

- Mais enfin chéri elle te dit qu'elle n'en pas besoin.

- Célestine dégage d'ici! Et ne dis plus jamais que je suis ton petit ami ou tu le payeras très cher! Sasha est ma compagne et elle est ta Luna!

- Tu...

- DEGAGE!

Elle part en courant, les larmes aux yeux et je m'en fous. Il n'y a que Sasha qui compte.

- Sasha je suis désolé.

- Tu m'as trahit... je n'aurais jamais du te faire confiance.

J'ai un pincement au cœur mais j'ai l'impression que ma douleur est minime face à celle de Sasha.

- Sasha je suis désolé. Laisse moi tout t'expliquer.

- Je n'en ai pas besoin.

Elle lève enfin les yeux vers moi et je crois n'avoir jamais vu ce regard chez Sasha. Je lis dans ses yeux de la peine de la douleur de la colère mais aussi quelques choses que je n'arrive pas à comprendre. Elle a l'air sauvage.

Elle se lève doucement de sa chaise et contourne la table puis me force à m'assoir et vient à son tour sur mes genoux.

- Sasha?

Je ne la reconnaissais plus. Son regard n'était plus le même et si j'avais été un simple humain j'aurai eu certainement peur d'elle.

- Pourquoi ne peut-on jamais faire confiance au loup? Pourquoi êtes vous toujours des monstres ? Pourquoi nous traitez vous toute le temps comme ça?

- Je ne comprends pas. De quoi parles-tu?

- TU. ES. A. MOI!

Elle déposa ses douces lèvres sur les miennes pour un baiser sauvage. Je sais ce qu'elle fait, elle marque son territoire. Même si je réponds à son baiser ce n'est pas ce que je veux pour notre premier, je veux lui montrer tout l'amour que j'ai pour elle. Je veux qu'il soit doux, passionnant et profond. Il n'est rien de tout cela à part vide et possessif. Alors dans un effort surhumain, je m'arrache à ses lèvres. J'encercle son visage de mes mains et lui embrasse son front dans un geste rempli de tendresse.

- Sasha...

Son nom entre mes lèvres n'est qu'un mur.

- Sasha... Célestine est mon ex.

Je la sens tressaillir et des larmes apparaissent au coin de ses doux yeux redevenus comme avant.

- J'ai rompu au moment même où je sais su que mon âme-sœur était en âge de devenir mienne. Elle n'est rien. Je ne l'ai jamais aimé.

Je la sens se détendre. Je prends sa main et la dépose sur ma poitrine à l'endroit où est mon cœur qui bat la chamade.

- Ce qui est là t'appartient. Mon cœur comme mon âme est à toi.

Dans un geste très surprenant elle embrasse ma main qui est toujours sur elle.

- Pardon...

- De quoi? Ce n'est pas à toi de t'excuser.

- Si je t'ai de nouveau traité de monstre.

- Ce n'est pas grave. Tu étais en colère et je sais que tu ne le pensais pas.

- Je crois que je... t'aime.

Mon loup explose de joie. Sa déclaration est le meilleur cadeau d'anniversaire. Je pouffe de rire car je me rends compte qu'elle ne le sais pas.

- Qu'est ce qui l'y a?

- C'est le plus beau cadeau d'anniversaire que tu aurais pu me faire.

- C'est ton anniversaire?

- Oui. J'ai aujourd'hui 28 ans.

- Merde tes vieux.

- Hey!

- T'as quand même 11 ans de plus que moi.

- C'est vrai mais c'est pas grave.

- C'est vrai.

Soudainement j'entends des cris de joie d'enfants dehors. Je souris, c'est le moment parfait pour lui montrer ma surprise.

Je la lève doucement en l'air et la dépose par terre pour que je puisse à mon tour me lever. Je lui tends ma main qu'elle prends en souriant.

- Suis moi.

*****

Et voilà encore un chapitre qui j'espère vous plaira.

N'oubliez pas de commenter!

A la prochaine.

Chapitre 12

S asha

Putain mais qu'est ce qu'il m'est arrivé? Je n'ai jamais ressenti une telle colère. J'ai eu une telle sensation de trahison mais pourtant il a réussi à me calmer presque aisément car au fond de moi j'ai senti que cette Célestine mentait. J'ai senti en moi qu'il m'aimait vraiment que ce n'était pas un mensonge pour me manipuler. Alors j'ai réussi à me calmer et ce qui équivaut à un miracle.

Ma en sait quelque chose.

- Où est-ce que tu n'emmène?

- J'ai une surprise pour toi.

Je hais les surprise mais je ne vais lui dire.

- Ce n'est pourtant pas mon anniversaire.

- Je sais mais j'espère que ça va te faire plaisir.

Alors que nous sortons de la maison, j'aperçois mes petits monstres entrain de jouer dans la boue.

Ma va adorer... Merde c'est pas la question.

- Mais qu'est ce...

Je regarde August avec sans doute des yeux qui montrent mon incompréhension totale sur la situation.

- Sasha!

Une petite fille au cheveux blond me sauta soudainement dans les bras.

- Chloé?

Il serait invraisemblable que ça soit elle.

- Coucou.

Elle plongea son petit nez et mes cheveux dans mon coup comme elle a l'habitude de le faire depuis que Ma l'a adopté.

Putain c'est vraiment elle.

- Mais qu'est-ce que tu fais là?

- Eh bien on vit ici.

- Quoi!

Sans le faire exprès je la lâche et elle tombe par terre sur les fesses.

- Oh pardon ma puce.

- C'est pas... grave.

Je la vois qui se retient de pleurer et ça me brise le cœur. Une petite fille de 7 ans ne devrait pas avoir peur de pleurer.

- Tu peux pleurer si tu veux.

- J'ai pas... le droit.

- Oh ma puce.

Je la reprends dans mes bras et lui embrasse ses petites joues. J'en oublie tout même la présence d'August, Chloé est le plus important pour le moment.

- Tu as le droit de pleurer, ma chérie.

- C'est vrai?

- Oui.

Et alors elle fond en larme dans mes bras. Je sais que ces larmes ne sont pas vraiment parce qu'elle est tombé.

- Tuuu... m'a... man...quée.

- Je sais toi aussi.

- Qu'est-ce qui lui arrive?

Je vois qu'August est mal à l'aise face à la petite Chloé qui n'arrête pas de pleurer comme une madeleine.

- Le grand Alpha August n'a donc jamais vu un enfant pleurer.

Je pourrais mourir de rire face à sa tête.

- Eh bien à vrai dire pas vraiment. Je n'ai pas l'habitude de m'occuper des enfants, ce n'est pas vraiment mon rôle.

- Alors il va falloir changer ça.

Je lui dépose la petite Chloé toujours en pleure dans ses bras et je dois dire que sa tête est vraiment vraiment marrante.

- Mais... Sasha!

- Quoi?

Et je lui fausse compagnie en courant vers mes autres petits monstres.

- Sasha!

Alors la c'est pas un enfant qui me saute dessus mais sept.

- Les petits monstres.

Je fini par tomber à la renverse et exploser de rire à cause leur chatouille.

- Allez ça suffit.

Je les repousse gentiment.

- Quelqu'un pourrait me dire ce qu'il se passe ici?

J'allais quand même pas oublier trop longtemps que leur présence ici est étrange.

- On joue!

- Je crois Cassie que je l'avais compris. Je veux dire qu'est-ce que faite là?

Et cette fois-ci c'est Jules qui réponds.

- On vit ici.

Et il me dit ça de façon si désinvolte que je suis encore plus perdu.

- Comment ça vous vivez ici.

- Il a raison. C'est ton chéri qui nous a fait venir ici.

- Quoi!

Je me lève d'un coup et me retourne vers lui mais je me calme d'un seul coup en observant la scène qui se joue devant moi. Chloé dort dans ses bras. Elle a l'air si paisible et innocente alors que elle ne l'a jamais été et ne le sera peut-être jamais totalement. C'est tout bonnement impossible. Aucun des enfants ici présent ne peuvent l'être vraiment , même les plus jeunes ont des séquelles invisibles certes mais présentes et qui ont la fâcheuse tendance de se manifester la nuit empêchant la maison de dormir. Bon après je suis mal placé pour râler sur ça.

- Elle a raison.

- Raison de quoi?

- Je les ai fait venir.

Je comprends rien de ce qu'il me raconte.

- Je ne comprends pas! Soit plus claire!

- Les enfants vous devriez rentrer. Je dois avoir une discussion avec votre sœur.

Je le vois passer Chloé toujours endormi à Jessica qui s'empresse de rentrer dans une maison dont je ne savais même pas l'existence.

- Viens avec moi. On va parler à la maison.

- Non je préfère maintenant et tout de suite ici!

- Comme tu veux. Je ne sais rien de ton passé. J'ai beau cherché je ne trouve rien alors que j'ai beaucoup de moyen à ma disposition. En fouillant quand même j'ai compris que vous fuyez quelque chose ou quelqu'un. Je ne sais pas qui c'est mais je veux tant protéger et je sais que ces gosses sont aussi en danger à cause de cette personne alors j'ai pris la décision de les amener ici pour leur sécurité.

- Mais...

- En étant ici, ils peuvent être protéger par la meute. De plus, ma belle, ici ils ne vivent pas dans une maison qui risquent de s'écrouler à chaque instant. Ici ils sont à l'abri du besoin. Ici Mathilda recevra de l'aide pour les élever, elle est vieille et toi tu ne seras pas séparer d'eux. Je sais à quel bon tu tiens à eux.

Je tombais à genou. Je n'arrivais plus à penser, mes pensées étaient complètement embrumé. Est ce que je dois le remercier ou bien l'engueuler d'avoir pris cette décision sans me demander? En réalité le choix est vite fait. Je lui saute dans les bras et dépose mes lèvres sur les siennes dans un baiser doux mais rempli de passion. Je détache mes lèvres de lui mais continue de m'accrocher à lui.

- Merci.

Je crois qu'il ne s'attendait pas à cette réaction car il est complètement à l'ouest, ça lui donne un air super mignon.

- La terre appelle August.

- Pardon, c'est juste que...

- Que...

Il est trop mignon.

- Que tu m'as surpris.

- J'espère que je ne t'ai pas choqué?

- Absolument pas.

- Alors était ce agréable?

Un doute s'implante en moi, il n'a peut-être pas aimé.

- Tu rigoles?

Quoi ! Il n'a pas aimé. C'est vrai que c'est la première fois de ma vie que j'embrasse quelqu'un de ma propre initiative. Sans le vouloir les larmes commencent à venir au coin de mes yeux, ma vision s'embrouille je tente de m'échapper de son étreinte et de son regard mais il ne me laisse pas faire et me garde dans ses bras.

- Eh ma chérie. N'ai pas peur.

Comment sait-il que je suis morte de peur. Je n'ai jamais eu de relation avec quiconque ou en tout cas en étant consentante. Je n'ai jamais aimé personne.

- Ça va aller. Je suis là. J'ai adoré ton baiser.

Je replonge instantanément dans son regard.

- C'est vrai?

Ma voix est complètement fluette.

- Bien sûr. Tu as même le droit de le refaire quand tu veux.

Il me sourit d'un ces sourires dont lui seul à avoir le secret. Soudain sans que je m'y attende il repose ses lèvres sur les miennes pour un baiser cette fois-ci beaucoup plus passionné et sensuel. Je sens sa langue demander l'accès à ma bouche et je suis incapable de lui refuser.

Nous devons vraiment ressemble à deux adolescents qui découvrent les plaisirs de la chair car aucun de nous deux n'est près de lâcher l'autre. Je sens ses mains toucher mes fesses, cela devrait me faire paniquer et fuir mais je ne ressens rien de tel même j'adore ça. Nous sommes actuellement tous les deux plus qu'essoufflement, gémissement et grognement.

- Ça va on dérange pas? Dois-je vous rappeler la présence de gosse dans la maison d'à coté? Prenez une chambre!

Oh putain Jessica! Elle en rate pas une celle-la.

August aussi surpris que moi me lâche si soudainement que je tombe par terre et sur les fesses. Chloé je comprends ta douleur.

- Merde Sasha.

Je vous avoue que heureusement qu'il m'aide à me relever sinon ça aurait barder.

- Que nous veux-tu?

Je me tourne vers Jess avec la conviction que si yeux pouvaient lancé des poignards elle serait actuellement morte.

- Eh! Me regarde pas comme ça. Je suis sûr qu'August sera ravi de continuer ce que vous avez commencer ce soir.

Mes yeux ne lancent plus des poignards mais des flèches empoissonnés qui lui feront vivre la pire des agonies mais en même temps je suis sûr que je suis aussi rouge qu'une tomate tellement j'ai honte de mettre fait prendre. Je suis persuadé qu'elle se fera un malin plaisir de me rappeler cet incident pendant le reste de ma vie.

Je sens le souffle chaud d'August dans mon cou.

- Elle a raison.

Il a prononcé ses mots dans un souffle qui me fait frissonner d'anticipation. Je suis sûr que Jessica n'a pas pu entendre ce qu'il a dit mais qu'elle a compris le sens. Je crois que je suis encore plus rouge.

- Ma vous invite à prendre le thé.

Je vois August se retenir de pouffer de rire.

- Peux-tu me dire ce qu'il y a de si drôle?

- C'est simplement que j'ai toujours l'impression qu'elle m'invite toujours à prendre le thé.

- Tu sais Ma et le thé c'est une grande histoire d'amour.

- Jess te moquerais tu de ta mère?

- Jamais de la vie.

On se met toutes les deux à rire. Elle a pas tort Ma adore le thé même on pourrait dire qu'elle le vénère.

- Allons-y. Sinon elle va nous remonter son speech sur le respect et la ponctualité qu'on doit avoir pour le thé m.

Et c'est reparti pour son imitation de Ma.

- Le thé se prends et doit se prendre à 1'h, c'est non négociable.

- J'imagine qu'on a pas le choix.

- Et non August on a pas le choix sauf si tu veux avoir à faire au démon Mathilda.

- Pas vraiment ma douce.

Il déposa un petit baiser sur le bout de mon nez. Je dois avouer que je ne sais pas comment réagir face à cette démonstration de tendresse.

- Oh ils sont trop mignons quand ils sont dans leur bulle.

- Ta gueule, Jess.

*****

J'espère que ce chapitre vous a plus. N'oubliez pas de laisser un commentaire pour me donner votre avis et vos conseil.

A la prochaine.

Chapitre 13

August

Je la regardais dormir, pour une fois son sommeil n'était pas perturbé par un cauchemar, elle était paisible et souriait même légèrement.

Quant à moi je n'arrivais pas à trouver le sommeil, mon cerveau tournait à cent à l'heure, il n'arrêtait pas de repenser à la journée d'aujourd'hui. Je lui avais avoué que je l'aimais et elle ne m'avait pas repoussé même si elle ne m'avait pas dit je t'aime ou pas exactement. Puis il y a eu l'épisode de Célestine avec qui je dois avoir prochainement une petite discussion qui je l'espère la remettras à sa place. Chose bénéfique à sa crise de jalousie on s'est embrassé et je dois avouer avoir eu beaucoup de mal à m'arrêter et je pense que si Jessica n'étais pas arrivé je ne l'aurais sans pas fait. Je n'avais jamais eu autant envie de toucher et d'embrasser quelqu'un, et je crois bien que je pourrais plus jamais ressentir du désir pour une autre femme qu'elle.

Le pire c'est que j'ai toujours autant envie de lui faire l'amour malgré les heures qui se sont écoulés.

Mon loup a tout autant envie que moi , il rêve de lui sauter dessus sauf que je nous retiens car je sais qu'elle n'est pas prête. Je le sens. Elle a toujours besoin de temps pour s'habituer à disons sa nouvelle condition. Mais sa beauté et mon attirance pour son sublime corps n'aident pas à me contenir; comme le fait qu'actuellement son t-shirt soit remonté dans la nuit et que j'ai tout le loisir d'observer le début de sa poitrine qui est franchement très bandante. Sauf qu'un détail vient légèrement gâché et noircir ce magnifique spectacle, celui de ses multiples cicatrices qui ornent son ventre témoignant de son passé que j'imagine plus que tumultueux.

Malgré les différentes avancés qu'à connu notre couple ces derniers temps, elle n'a toujours pas évoqué la moindre chose sur son passé. Je sais que toute sa petite famille me cache des choses, je sens qu'ils font tout pour éviter de divulguer ne serait-ce qu'un indice qui m'aiderait à comprendre.

D'ailleurs quand nous prenions le thé avec Mathilda et qu'Isaac est venu nous dire bonjour, Sasha a tenu à avoir une conversation avec lui. J'ai remarqué qu'elle a bien fait attention à ce que je ne puisse pas entendre ce qu'ils se disaient, de plus sa mère et Jessica ont tout fait pour me distraire.

Alors que le sommeil me gagnait enfin, un cri se fit entendre. Immédiatement je me tournais vers ma femme mais pour une fois ce n'était pas elle. Lorsque j'entendis un deuxième cri, je compris qu'il s'agit de celui d'un enfant. Il n'en fallut pas plus pour que Sasha ne se lève et mette une veste et ses chaussons.

- Sasha?

- Je reviens. Rendors toi.

Elle sortit en courant. Elle croit vraiment que je vais sagement rester au lit alors qu'un enfant vient de crier. Je suis l'Alpha et même si ce n'est pas un louveteau de la meute, c'est mon devoir d'aller voir ce qu'il se passe sur mon territoire.

Je ne pris pas la peine de mettre des chaussures que je sortis de la chambre en courant.

Sasha courait en direction de la maison de sa famille adoptive. En entrant à mon tour je fus étonné de ne pas voir toutes les lumières allumés avec tous les occupants réveillés. Ce calme témoignait de l'habitude qu'ils avaient d'être réveiller en pleine nuit par un cri. Je repensais au fait que j'avais trouvé étonnant que leur maison soit si loin du centre-ville.

Je tendis l'oreiller pour savoir où était passé Sasha. En me dirigeant grâce à l'ouïe, il ne me fallut pas longtemps pour la trouver.

Je n'osais pas ouvrir la porte, de toute façon j'entendais très bien même fermer.

- Sasha...

- Je suis là Jessica. Tout va bien ma chérie, les monstres sont partis.

C'est pour un simple cauchemar d'enfant qu'elle a crié comme ça?

- Ils étaient tous autour de moi... ils me... me...

- Je sais.

- J'avais beau crier, ils n'arrêtaient pas!

Mais de quoi parlent-elles?

- Je sais mais regarde moi et écoute moi. Ce qu'un souvenir. Ils ne sont plus là, ils ne peuvent plus te faire de mal. Ils sont mort. Et sache que je serais toujours là pour te protéger.

- Je sais.

- Ce n'est pas bien d'écouter au porte, jeune homme.

Je me tournis d'un coup et découvris Mathilda dans une robe de chambre qu'on pourrait comparé à un vieux rideau et une bougie à la main.

Qui se déplace encore avec une bougie ?

- Je suis... je voulais...

- Suivez-moi. De toute façon, Sasha va sans doute rester avec Jessica dans cette chambre tout le reste de la nuit. Vous n'allez quand même pas campé devant cette porte jusqu'à ce qu'elle sorte?

- Non, bien sûr que non.

Nous étions tous les deux assis dans la cuisine avec pour seul lumière la bougie qu'elle a apporté.

-Qu'avez-vous entendu?

- Pas grand chose.

- C'est mieux ainsi.

- J'ai l'impression que ce genre de situation arrive souvent dans votre famille. Est-ce que je me trompe

- Je dois dire que c'est le contraire qui serait étonnant. Une nuit calme ici est rare et étrange, je suis plus inquiète pour mes petits à ces moments là.

- Pourquoi c'est Sasha qui s'occupe de Jessica?

- Parce qu'il n'y a qu'elle pour trouver les mots justes pour la rassurer car c'est la seule qui peux vraiment la ou plutôt les comprendre. De plus je suis vieille, je ne peux pas me lever comme ça toutes les nuits.

- Il serait temps de m'expliquer.

- Je vous l'ai déjà dit ce n'est pas à moi de le faire.

- Non c'est vrai. C'est à moi de le faire.

- Sasha...

*****

Court chapitre, je sais. Mais comme vous pouvez le deviner vous apprendrez toute l'histoire de Sasha et des enfants Lights ou en tout cas une bonne partie dans le prochain chapitre. Celui-ci devrait arriver prochainement. N'oubliez pas de commenter pour m'aider à m'améliorer.

A la prochaine.

Ce n'est pas un chapitre

Salut à tous mes lecteurs. Je suis désolé je sais que ça fait longtemps que je n'ai pas publier mais je suis actuellement très occupé et je pars demain en vacances. Du coup je ne vais pas pouvoir publier pendant minimum quatre semaines. Je m'en excuse sincèrement . Je vais essayer de publier mais ça risque d'être compliqué et ce même si j'arrive à trouver le temps d'écrire, je n'aurais sans doute pas la connexion nécessaire pour le publier. Je m'en excuse d'avance. En attendant si vous avez des suggestions à me faire je serais ravie de les apprendre.

A bientôt.

Reprise

Salut mes chers lecteurs, j'espère que vous allez bien. Je suis heureuse de vous retrouver après quatre semaines d'absence dû à mon départ en vacances. Je suis très surprise de découvrir que mon histoire a dépassé les 1000 vues!! Je veux vous remercier et vous dire qu'ayant retrouver une connexion internet, je peux à nouveau publier. Un chapitre sera prochainement publier; certainement dimanche au plus tard lundi.

Je vous remercie à nouveau d'avoir lu mon histoire et j'espère que vous continuerez de le faire.

Chapitre 14

S asha

Ca serait un dure moment à passer mais il le fallait, je ne pouvais cacher plus longtemps la vérité à August. Je voulais avancer avec lui main dans la main avec confiance et pour cela je devais me libérer de mon passé qui me pourrissait la vie depuis bien trop longtemps. Cette nuit serait celle qui marquera le début de mon renouveau, j'en étais convaincu et il ne manquait plus que celui que j'aimais à mes cotés pour tourner la page une bonne pour toute.

- Ma mère se nommait Nathalya. Elle était de nationalité une russe et elle se prostituait pour vivre, ou plutôt elle était une junkie qui se prostituait pour pouvoir s'acheter sa dose. J'imagine qu'elle préférait acheter de la coke plutôt que des capotes. A part ces quelques informations je ne sais rien de plus d'autre sur elle; quand elle m'a vendu je n'avais qu'un an. Elle m'a vendue à un gang de quartier qui faisait la loi, elle leur devait beaucoup d'argent mais n'avait pas les moyens de payer en quelque sorte je suis devenue sa monnaie d'échange.

Finalement elle est morte quelques mois plus tard; ils l'avaient tué car elle s'était fait de nouveau des dettes auprès d'eux sauf que cette fois-ci elle n'avait rien à échanger. La vie n'était pas aussi horrible avec eux que tu peux le penser. J'étais plutôt bien traité; je mangeais à ma faim et ils étaient gentils avec moi, ils jouaient même de temps en temps et m'avaient appris à lire, écrire et compter. Je n'ai pas vraiment d'horrible souvenir d'eux, je ne vivais pas dans le bonheur mais la suite me permet d'apprécier les moments parmi eux car ce ne fut pas que douleur. Mon malheur a en réalité commencé vers mes 7 ans; l'âge auquel je fus prête à être vendu. J'ai été très rapidement par un loup nommé Stanislas; c'était un puissant alpha d'une meute de l'est uniquement composé de loups arrogants plus que mauvais qui prenaient les femmes pour des objets vivant uniquement pour combler tous leurs désirs même les plus sales. A cet époque Stanislas venait de perdre sa femme et sa fille lors de l'attaque d'une meute rivale, c'est pourquoi il avait décidé de m'acheter. J'étais là pour les remplacer, pour prendre leur place dans l'esprit de cet homme devenu fou; j'étais à la fois sa femme et sa fille. Il voulait que je devienne une machine qui obéirait au moindre de ses ordres qu'importe leur nature et sans poser de question, je devais simplement me soumettre à lui. Ça a duré trois ans, lorsqu'il est mort j'ai eu le veine espoir que je serais enfin libre mais la réalité fut tout autre. Son fils Marcus a pris sa place; il était le nouveau Alpha et j'étais devenu sa propriété comme si je faisais parti de l'héritage. Ne sachant pas trop quoi faire de moi au début, il m'enferma dans la cave sous le manoir seulement aménagé d'un matelas. Durant les premiers mois je ne le vis presque jamais, je n'avais droit qu'à un repas le matin et le soir. Puis un jour il est venu en m'ayant enfin trouver une utilisé et à... disons fait son affaire. Trois ans se sont à nouveau écoulé, trois ans durant lequel mon quotidien est devenu un cauchemar, un enfer sur terre qu'il justifiait au nom de l'amour. Au fil du temps je n'ai eu plus qu'un repas par jour constitué la plupart du temps que d'un pauvre bout de pain et de quelques cuillères de soupe presque toujours froide. Quand je me plaignais du froid ou de la faim il disait toujours que je n'avais pas besoin de plus ; à force c'est rester en moi sans que je ne puisse rien faire contre. J'étais convaincu que je n'avais que d'un stricte minimum que ce soit pour la nourriture ou les vêtements, en réalité je pensais que je n'avais le droit à aucune envie quelconque. Dans cette cave les températures étaient infernales l'été et l'hiver je me gelais n'ayant rien qu'un minuscule bout de chiffon qui me servait de vêtement pour me réchauffer. Je me souviens encore des nuits où je me collais au mur du fond qui était le plus chaud car la chaudière était derrière. Mon enfer a pris fin lorsque Mathilda de son vrai nom Anna m'a sauvée et qu'on s'est enfui ensemble. Nous avons averti la police de ce qu'il se passait dans cette meute mais c'était trop tard les loups avaient tous disparus laissant les corps sans vie de certaine de celle qui nommaient leur femme, c'était les plus faibles qui n'avait pas pu les suivre. J'avais bien sur d'autres informations notamment sur un certain gang dont j'avais quelques souvenirs que je m'en pressa de divulguer en échange de notre protection mais j'avoue que c'était aussi par vengeance. Avec Anna nous avons changé d'identité et au fil du temps on nous a amenés d'autres enfants qui avaient été eux aussi victimes de ce trafic. A chaque nouvel enfant, nous avons déménagés. Voilà je crois que tu sais à peu près tout.

Pour la première fois depuis le début de mon récit, j'osais levé les yeux sur lui. Alors que nos regard allait se croisé je le vis se détourner. Je voyais que ses poings étaient refermés. La dernière partie n'était que mensonge mais je n'avais pas encore le courage de lui dire la vérité par peur de le perdre sachant que de toute manière le reste pouvait très bien le faire fuir par dégout.

Par le lien entre nous je sentais son cœur s'emballé mais je n'arrivais pas à distingué ce qu'il ressentait, sans doute que j'aurais pas du que c'était trop tôt dans notre relation. D'un seul coup il se leva faisant tombé sa chaise ne daignant toujours pas me regarder il quitta la pièce et la maison alors que moi je m'effondrais, je n'arrivait tout bonnement pas à m'arrêter de pleurer. Je venais de lui dévoiler l'une des parties les plus sombres de ma minable vie, croyant naïvement qu'il m'aiderait à surmonter tout ça pour de bon, que grâce à lui je pourrais commencer une vrai vie dans laquelle je serais enfin heureuse mais finalement je me suis trompé; il s'était enfui. J'étais monstrueuse.

*****

Alors voilà le quatorzième chapitre, j'espère qu'il vous plaira. N'hésiter pas à laisser votre avis dans les commentaires que je serais ravi de lire.

A la prochaine.

Chapitre 15

A^{ugust}

Putain de merde! J'avais une puissante envie de tout cassé autour de moi. Chacun de ses mots a été un putain de coup de poignard dans le ventre. Heureusement que je suis sorti parce que sinon je n'aurai plus répondu de mes actes, ça aurait été un massacre. Pendant qu'elle parlait je revivais, comme si j'y étais, ces nuit où elle hurlait de douleur et de peine ; je revoyais aussi toutes ces cicatrices qui parsemaient son magnifique corps sachant leur origine les voir était encore plus insupportable que lorsque que je ne savais pas. Je repensais à ces enfants, ses frères et sœurs, si jeune et qui pourtant ont vécu un enfer sans nom.

- Putain !

Je venais de donner un coup de poing dans un arbre proche dans de moi dans un besoin de me défouler.

- J'espère que l'arbre ne vas pas tomber. Je l'aime bien.

Dans ma rage je n'avais même senti que quelqu'un était à coter de moi ; je faisait vraiment un pitoyable Alpha.

- Jessica...

Je me retournais vers elle et soudain ça me sautais au yeux. Jessica avait aussi des cicatrices sur les bras. Jessica faisait des cauchemars. Jessica avait le même regard que Sasha, celui qui se tournait vers un point dans le vide ; sans doute que par inadvertance leur interlocuteur leurs disaient quelque chose qui les renvoyaient dans l'enfer. Jessica avait vécu la même chose que Sasha.

- Vu ton agitation j'imagine que Rayssa t'a tout raconté.

Qui sait cette fille ? J'étais complètement paumé.

- Rayssa?

- C'est le vrai nom de Sasha.

Rayssa je tentais de m'apprivoiser ce nouveau son encore inconnu.

- Rayssa, c'est magnifique.

- Tout comme elle.

Ca je ne pourrais jamais le contredire.

- Tu as totalement raison.

J'avais, maintenant que je la voyais et que je repensais aux autres enfants, une question qui me restait dans la tête et dont j'avais très envie de connaître la réponse.

- Comment faites-vous?

- Comment on fait quoi?

- Vous souriez tous tout le temps. Quand je regarde les enfants je ne pourrais pas deviner ce qu'ils ont vécu,... ce que vous avez vécu.

- En faite pour eux c'est assez simple. Ils étaient tout simplement trop jeune pour s'en souvenir aujourd'hui. Les plus vieux n'avaient que cinq ans quand ils ont été libérés, ceux là n'ont presque aucun souvenir de cette époque et avec le temps ils vont avoir tout oublier. Ça leur arrive juste parfois de se rappeler dans leur cauchemars.

- T'avais quel âge toi?

- On m'a sauvé à l'âge de 9 ans.

- Donc toi tu t'en souvenir.

- Je n'ai que quelques souvenirs de cette période mais ce n'est pas ça qui me fait faire des cauchemars. C'est le jour où on m'a sauvé qui est le plus terrifiant.

- Quoi, pourquoi?

Son regard se fixa dans le vide et comme à chaque que Sasha la faisait cela me déstabilisait. Je venais sans doute de renvoyer Jessica dans un de ses pénibles souvenirs et immédiatement je m'en voulais.

- C'est le jour où j'allais être vendu, heureusement... ils sont arrivés à temps. Je crois avoir été plus que chanceuse puisque je n'ai pas eu le temps de connaître mes futurs geôliers. Le plus dur a sans doute été pour Isaac et Sasha. Isaac avait 11 ans et Sasha 13 ans. Eux ne pourront jamais rien oublier, ils n'auront jamais cette chance ; moi petit à petit j'oubli des choses. Rien qu'en regardant leur corps, ils ont des flash-backs. C'est pour ça qu'ils cachent le plus de peau possible avec leur t-shirts à manche longue et qu'ils évitent le plus possible de se voir dans le miroir, pour pas que les autres voient les traces mais qu'eux non plus. Moi les seuls marques que j'ai sont sur mes poignets mais j'arrive à passer outre parce qu'elles témoignent du jour de ma libération. Les jours où ça va pas, parce que il y en a et y en aura toujours, je les caches sous plein de bracelet.

Toute cette histoire est plus que difficile a digéré, jamais je n'aurai pu me douter que le passé de Sasha et de ses gosses était si sombre. Je m'étais imaginer des dizaines et des dizaines de récits plausible mais aucun n'était à la hauteur de l'horreur de leur histoire.

- Maintenant que tu t'es enfin calmé va voir Sasha parce qu'elle a besoin de toi.

Comment j'avais fait oublier que le plus dur avait été pour Sasha parce que c'était elle qui avait vécu tout ça et qu'en me racontant elle avait tout revécu.

- Merde Sasha!

Je me ruais comme un fou vers la cuisine. En ouvrant la porte je ne m'attendais pas à la découvrir ainsi. Elle était toujours assise, ses larmes n'arrêtaient pas de couler sur sa joue cependant ses yeux étaient vide donnant l'impression qu'elle avait disparut. Elle ne bougeait pas. Je me précipita vers elle et la prenais dans mes bras pour tenter de lui faire revenir près de moi.

- Sasha... chut je suis là. Tout va bien.

Je la sentis légèrement bouger et me décolla d'elle pour pouvoir prendre son visage entre mes mains. Je déposa un long baiser sur son bras

- Tu es parti.

J'essuya avec mes pouces quelques larmes coulant sur ses joues.

- Non je suis là. Je suis là près de toi.

- Je n'aurais rien dû dire, tu vas... me quitter. Je suis répugnante.

- Jamais toi et moi c'est pour la vie et même plus, pour l'éternité. Je t'aime et rien ne pourra me faire te quitter. Et tu n'es en rien répugnante. Tu es magnifique, je n'aurais jamais pu espérer meilleur femme.

- Mais tu es parti!

- Ma chérie si je suis sorti ce n'était pas à cause de toi. Si j'étais resté j'aurai tout cassé. Je ne voulais pas te faire peur, je suis désolé ma douce.

- J'ai cru... j'ai cru que...

- Je sais ma chérie. Mais tout va bien. Je suis là, je ne t'abandonnerais jamais parce que je t'aime.

- Moi aussi.

Putain que j'étais heureux d'entendre qu'elle m'aimait même si j'aurais aimé que ce soit dans d'autre circonstance.

- Allez viens je vais te ramener à la maison.

Je la pris dans mes bras comme une princesse et lui déposa un baiser sur son front.

Je nous avais ramenés dans notre chambre et Sasha c'était entre temps endormi mais elle était frigorifier ; je la sentais trembler dans mes bras. Je sentais qu'elle avait besoin de réconfort et de chaleur. Je nous dirigeas vers la salle de bain et mis à couler l'eau dans la baignoire.

- Je vais te déshabiller.

Je ne sais pas si elle m'entends ou si elle dort vraiment mais je me disais qu'un bon bain chaud lui ferait beaucoup de bien.

Après l'avoir déshabiller, en tentant de ne pas faire trop attention à
ses nombreuses cicatrices pour ne pas à nouveau perdre le contrôle,
je la déposa dans l'eau faisant bien attention à ce qu'elle ne puisse pas
glisser pendant que je me déshabille à mon tour. Quand je fus totalement nu, je m'installa derrière elle. Je sentais mon sexe frissonner au
contact de sa peau mais n'y prêta pas plus attention, mon désir n'étais
pas le plus important pour le moment.

- Saraphine... je suis tellement désolé.

Une nouvelle fois son esprit s'était égaré. A présent je savais qu'elle
était tombé enceinte de ce Marcus alors qu'elle n'avait sans doute 13
ans tout au plus. Au fond de moi je bouillonnais de rage, l'envie de
tuer cet homme s'était encré en moi.

Je me demande de ce qu'est devenu cet enfant.

Je ne pouvais même pas demander à River de la chercher car il
n'avait aucune trace d'elle.

- Oh... ma chérie.

Je caressais doucement ses cheveux ce qu'il l'a fit petit à petit revenir
au présent.

- August ?

Mon nom n'était qu'un murmure dans sa douce voix.

- Je suis là.

Je la pris un peu plus encore dans mes bras, la resserrant près de
moi.

- Mais qu'est-ce que...

Pour la calmer je resserra à nouveau l'emprise de mes bras autour d'elle et lui embrassa la nuque au niveau de sa marque avec le plus de douceur possible.

- Tout va bien. Tu avais froid, je voulais te réchauffer et te réconforter.

- Tu... tu es nu?

J'étais soudain très gêner.

- Eh bien... oui je n'allais pas prendre un bain habillé.

Je passa ma main dans mes cheveux, finalement je n'aurais peut-être pas dû. J'aurais peut-être dû rester en dehors du bain mais sur le moment je n'y ai même pas pensé. Je voulais juste être près d'elle.

- Nu. Tu es nu.

Ce n'était pas un reproche mais une constations qui me rassurait un peu, au moins elle ne m'en voulait pas. Par contre même en étant derrière elle je pouvais comprendre sans le lien qu'elle était complètement gênée par la situation.

- Et je suis aussi nu.

- Oui...

- J'imagine que c'est toi qui m'a déshabillée.

- A vrai dire je n'ai pas trop eu le choix.

- August?

- Qu'est-ce qu'il y a ?

- J'aimerais tellement pouvoir tout oublier, l'oublier, oublier tout ce qu'il m'a fait.

Je sentis ses larmes tomber sur mon bras et je ne savais pas quoi dire pour les arrêter.

- Je n'ai pas ce pouvoir, Sasha. Mais je peux te rendre heureuse à partir d'aujourd'hui, prendre soin toi et te protéger. Peut-être qu'avec le temps, il ne sera plus en permanence dans ton esprit.

Je déposa un doux baiser au niveau de sa tempe et inhuma son odeur qui avait le don de me rendre fou.

- Aide moi, je t'en prie. Chaque jour j'ai l'impression qu'il est toujours là. Je sens encore ses mains sur moi. J'entends encore sa voix.

Sans je comprenne ce qu'il se passait Sasha se retournait vers moi et enroula ses bras autour de mon cou. Elle était maintenant face à moi et je ne pouvais ignorer le faite que je sentais la pointe de ses seins sur mon torse ainsi que son intimité au niveau de mon sexe et que cela me faisait un effet de fou sur mon désir toujours plus grandissant.

Elle planta ses yeux dans les miens, impossible pour moi de me défaire de son regard.

- August... il n'y a que toi qui peux me le faire oublier. Et je ne veux qu'il n'y ai que toi.

Elle approcha sa tête de la mienne et déposa son front sur le mien. Je compris de quoi elle voulait parler mais je ne crois pas que ce soit une bonne idée dans son état.

- Je t'en prie.

- Tu es sûr?

- Oui.

Il ne m'en fallait pas plus pour encercler son visage de mes mains et l'embrasser langoureusement. Le lien entre nous me faisait sentir sa détermination et son envie, mais je ne sentais surtout aucune peur. Ce n'était pas un baiser doux et tendre, il était rempli de désir, de frustration et de sensualité. Je lui dévorais littéralement sa bouche qui me réclamait depuis la dernière fois que j'avais pu les touchés. Il était si intense et si agréable, je n'ai jamais ressenti tout ça avec un simple baiser, embrasser quelqu'un ne m'a jamais fait tant d'effet.

Alors qu'elle resserrait ses bras autour de mon cou et que je mettais moi les miennes sous ses fesses, je la soulevais en même temps que je me levais. Je nous sortais de la baignoire et nous transporta jusqu'à notre lit ne me préoccupant pas de l'eau qui dégoulinait de nos corps, je l'y déposa avec douceur alors que nos dent s'entrechoquaient et que nos langue dansaient dans une ronde infernale.

Je sentais que mon loup était aux anges et impatient de la sentir tout entière, il attendait ça depuis qu'il l'avait rencontré. J'essayais de le maintenir un minimum car je refusais d'effrayer Sasha qui voulait totalement s'offrir à moi, marque de la confiance qu'elle plaçais en moi. J'en étais si fier.

Il va falloir te contenir.

Je poussa un râle bestial et lâcha sa bouche pour venir titiller ses magnifiques seins. Je les embrassais, les mordais, les léchais ; je n'avais finalement plus aucune retenu, son corps était tellement tentateur. J'avais échouer à le contenir mais Sasha n'avait pas l'air de s'en plaindre, gémissante de plaisir.

Je déplaça mes mains sur ses seins et descendais un peu plus vers son intimité tout en déposant des baisers partout où je pouvais. Je commençais par l'embrasser. Je sentais qu'elle s'agitais de plaisir sous ma bouche et ses gémissements étaient une si douce mélodie pour mes oreilles.

- August...

Elle agrippa de toutes ses forces mes cheveux et putain que c'était bon de savoir que je lui donnais du plaisir.

Je détacha ma bouche de son sexe et la contempla, elle et son magnifique corps qui me faisait bander chaque nuit depuis le premier jour.

- Tu es si belle.

Je déposa un baiser sur son front pour lui témoigner de la tendresse dans ce moment de passion pur et dur.

- Je t'aime.

- Moi aussi.

Je commençais par mettre un doigts et je pouvais sentir qu'elle était plus que mouiller. Son corps m'attendais.

- Ma chérie, tu es trempée.

Je sortis mon doigts et le lécha pour la goûter.

Merveilleux.

- Ton goût est incroyable.

Je le remis à l'intérieur de son intimité avec un doigts en plus. Je la caressais de l'intérieur tout en continuant de l'embrasser.

- August...

Mon nom n'était qu'un souffle dans sa bouche. Mais maintenant j'avais envie lui faire crier mon nom. J'enfonçais en elle le plus délicatement possible un troisième doigts.

- August!

Elle se cambra sous l'intensité du désir que je lui procurais.

- Tout va bien... tu es incroyable.

Je la sentis prête. Je me mis face à elle et planta mes yeux dans les siens. Je demandais par le lien son consentement. Je voulais qu'elle soit prête et pas que physiquement.

- Vas-y August.

Avec son accords, je rentrais mon sexe dans le siens. Dans un naïf espoir j'aurai voulu sentir une barrière mais il n'en avait pas, je fus quelque peu déçu.

Elle devait sentir ma déception et mon léger désarroi car elle détourna le regards du mien et je pus voir des larmes apparaître aux bords de ses yeux que j'effaça immédiatement en le léchant.

- Sasha regarde moi!

Il fallait qu'elle me regarde pour qu'elle comprenne enfin qu'elle n'avait pas à avoir honte, que je l'acceptait tout entière.

- Je suis désolé.

- Ce n'est rien... ma belle... ce n'est rien. N'oublie pas, n'oublie jamais ! Qu'importe ton passé, je t'aime comme un fou. Aujourd'hui tu m'appartiens comme je t'appartiens et plus personne ne pourra te faire du mal.

J'embrassai la marque que je lui avais fait quelques jours plutôt pour la sauver. Finalement j'avais bien fait de l'éloigner, c'était pour mieux pour la retrouver. Aujourd'hui nous savions tous les deux que ce lien n'avait fait naître en nous que le manque du toucher mais que l'autre tout entier avait naître l'amour.

Même avec son fichue caractère.

- Je suis à toi. Tu es à moi.

J'étais si heureux qu'elle reconnaisse enfin qu'elle m'appartenais.

- Oui ma chérie, je suis à toi. Et tu m'appartiens...

Je commençais à bouger, lui donnant des coups de boutoirs qui transformaient de plus en plus ses gémissements en cri.

- August!

J'étais près à jouir mais je voulais attendre qu'elle le fasse en premier, après encore plusieurs aller et retour je sentis qu'elle se resserra autour de moi et qu'elle eu un puissant orgasme. Je me décida donc à enfin me relâcher en elle. C'était si bon.

Je me décala sur le côté et pris immédiatement ma femme dans mes bras.

C'était le plus beau anniversaire de ma vie, d'ailleurs dans la précipitation des derniers jours j'avais peut-être oublié de lui dire quelque chose d'important.

- Au faite mes parents viendront demain.

- Quoi !

Je rigolais face à sa montée de stresse fulgurante. Ça allait être marrant cette rencontre surtout connaissant ma mère.

*****

J'espère que ce chapitre vous a plu. N'hésiter pas à laisser un commentaire pour me donner votre avis.

A la prochaine.

Chapitre 16

S asha

Je ne suis pas prête. Je ne suis absolument pas prête.

- Comment tu as pu m'annoncer que cette nuit que tes parents arrivent aujourd'hui? Surtout après qu'on... qu'on... enfin t'as compris !

Il souriait face à mon incapacité de prononcer à voix haute le mot sexe.

- Parce que je n'ai pas pu avant, tout simplement. Les événements se sont enchaînés beaucoup trop rapidement. Entre les deux premières semaines où tu n'as fait que dormir. Notre véritable rencontre où tu t'es cassé la gueule, notre engeulade, puis ton retour chez ta mère, la finition du lien par le marquage et la découverte de ton passé excuse moi de ne pas avoir eu le temps de te dire que mes parents venaient à la maison pour te rencontrer et fêter mon anniversaire.

- C'est pas une raison! Et c'était ton anniversaire ?

Il pouffe de rire. Parce que je le fais rire en plus! Bon après j'imagine que me voir courir partout comme une folle depuis ce matin doit être hilarant à voir. Depuis que je m'étais réveiller c'est à dire à 5h du matin j'ai préparé toute la maison à l'arrivée de ses parents, mais ça ne m'avait pas du tout rassuré.

- Sasha calme toi.

Il m'attrape doucement le poignet et me ramène dans ses bras. Qu'est-ce que j'aime être dans ses bras, ainsi j'ai tout le loisir de pouvoir sentir son odeur qui m'est si réconfortante et en instant à nouveau je suis calmé.

August quel pouvoir magique as-tu sur moi ?

- Je ne suis pas prête. Regarde moi, je suis si maigre et pâle pour une première impression c'est pas génial. Ils auraient pu attendre pour venir me voir que je sois plus présentable..

Mes larmes commençaient lentement à couler sur mes joues. Et dans un tendre geste, August les essuya et embrassa mon front.

- Je ne fais que ça te regarder. Tu es magnifique.

- Menteur, je suis laide. Ta mère va me détester.

- Ma chérie, regarde moi.

Il prit calmement mon menton pour me forcer à le regarder.

- Tu es incroyablement belle. L'opinion de ma mère ne doit pas t'importer, seul le mien et le tien compte. Et je sais que je me répète mais je le ferais autant de fois qu'il sera nécessaire de le faire pour que tu l'accepte, mais tu es magnifique. Et le plus important est que je t'aime, on s'en fou des autres..

Je déposai mes lèvres sur les siennes dans un geste d'affection pour simplement lui dire merci. Il arrivais toujours les mots pour me rassurer.

- Je t'aime.

- Alors Sasha, j'imagine que vous avez 17 ans.

Première fois qu'elle me parlait depuis qu'elle était arrivée et on ne peut pas dire que son ton soit très chaleureux.

- Oui, madame.

J'ai bien l'impression que je vais passer un interrogatoire finalement.

Les parents d'August étaient arrivés il y a déjà une heure. Nous avions d'abord pris un apéritif dans le salon et Madame Morton ne m'avait pas adressé une seule fois la parole, à l'inverse de son mari. Elyas avait tout de suite été très chaleureux et avenant avec moi, essayant de mettre à l'aise même si c'était difficile sous le regard pesant de sa mère..

- Que pensez-vous faire plus tard pour la meute?

Ok déjà une question difficile. Elle y allait pas par quatre chemin sa mère et bien sûr moi je n'en avais aucune idée, d'ailleurs j'ai appris que très récemment que j'aurai un rôle à jouer même si je n'avais pas encore trop quoi.

- Je... je ne sais pas.

Face à cette femme je perdais tout mes moyens. Elle avait une prestance qui m'intimidait beaucoup.

- Vous ne savez pas? Même pas une petite idée?

Je n'avais jamais rencontré une personne aussi froide à mon égard surtout que j'étais la compagne de son fils. Je sais que les belles-mères sont parfois réticence et froide à la première rencontre avec leur belle-fille ; mais quand même !

- Mère, pourriez vous arrêter. Vous lui faites peur.

J'ai été surprise la première fois que je l'ai entendu s'adresser à sa mère car il l'a vouvoyé alors qu'il ne le faisait pas avec son père. C'était vraiment très étrange cette distance qu'il avait avec elle et non avec son paternel.

- Chéri, je ne veux qu'apprendre à connaître ta femelle.

Ne t'énerve pas. Ne t'énerve pas. Elle ne peut pas savoir que ce mot t'énerve.

Je sentis que August me caressait doucement la cuisse sous la table pour me rassurer ou peut-être pour me calmer car il devait sentir que sa mère commençait sérieusement à m'agacer. Je mis ma main sur la sienne pour le remercier discrètement.

- J'aimerais travailler dans la défense des enfants.

Ma réponse eu son effet car tous les yeux se tournèrent vers moi. Je pus remarquer un léger sourire chez Elyas assez fier je crois que je puisse finalement répondre à sa terrifiante femme.

- Ah oui, et pourquoi ?

- Parce que je déteste qu'on fasse du mal aux enfants.

Surtout quand ce sont des loups les coupables.

- Vous avez des frères et des sœurs?

Elyas devait sentir mon malaise car il détourna la conversation. Et intérieurement je le remerciais, même si ce n'était peut-être pas la bonne question.

- Oui. J'ai 5 frères et 6 sœurs.

- Autant?

Madame Morton venait de témoigner un intérêt assez étrange à ma famille. Je n'avais pas du tout apprécier le ton qu'elle avait employé.

- Ils ont tous été adoptés.

Je me tournais vers August car je crois que c'est la première personne que j'entend dire ça sans dégoût dans sa voix. Je me repris et me retourna vers sa mère.

- Même si nous avons été adoptés, je l'ai considère tous comme mes frères et sœurs de sang ; ils sont très important à mes yeux. Et Mathilda, la femme qui m'a recueilli est comme une mère pour moi. Je les aime tous beaucoup.

- J'aimerais beaucoup la rencontrer.

Pourquoi ? Pour la critiquer ?

Il n'y a pas intérêt à ce quel dise quoi que ce soit sur Mathilda. Je tolère qu'elle ne m'apprécie pas et qu'elle me critique mais pas ma mère adoptive, c'est interdit à quiconque même si c'est la mère d'August.

- Tu le pourras cet après-midi. Je l'ai installé dans la maison à côté de l'étang avec les enfants.

Je ne souviens pas l'avoir remercier pour avoir fait ça ; il va falloir que je le fasse. Je remarquait que sa mère tiqua à cet information comme si quelque chose l'avait dérangé.

- Sont-ils des loups?

- Non mais ça ne change rien. Sasha a besoin d'eux à ses côtés et eux ont besoin d'elle.

- Tu gères la meute comme tu veux mon chéri, mais à..

Il ne la laissa même pas terminé sa phrase et j'avoue que j'appréciait qu'il le fasse.

- Tu as raison je suis l'alpha. Je prends les décisions et tu n'as rien à dire.

J'avais la nette impression que mère et fils ne s'entendaient pas énormément. Mais pour moi le plus important était qu'August prenne leur défense et par la même occasion la mienne.

Je pense avoir compris pourquoi elle se comportait ainsi avec moi, c'est parce que j'allais prendre sa place de Luna. Et ça elle ne le voulait pas. Peut-être que si elle avait agi autrement, nous aurions pu bien nous entendre et alors elle aurait pu m'aider dans ce nouveau rôle que j'allais bientôt prendre qui m'angoissais énormément. Mais je suis assez rancunière comme fille alors ça sera impossible.

Sauf avec August.

Il était le seul que je pouvais pardonner avec un seul mot de sa part.

Le reste du repas avait été plutôt tendu même si le père d'August avait tenté de réchauffer l'ambiance en changeant à nouveau de sujet et tentant de faire des blagues. Ca n'avait pas vraiment fonctionné mais au moins je trouvais de plus en plus qu'il était quelqu'un de bien et que j'allais bien entendre avec lui.

Alors que je faisait la vaisselle avec Elyas, même s'il passait son temps à se tourner vers sa femme installé sur le canapé August m'appela de l'étage.

- Sasha?

- J'arrive.

Je m'essuyais les mains et me tourna vers son père.

- Je suis désolé, mais...

- Le devoir vous appelle. Je sais ce que c'est, dépêchez vous de le rejoindre.

- Merci.

Qu'est-ce qu'il est beau mon homme.

Dans n'importe quel situation il l'était mais sa position actuelle lui donnait un air de bad boy ténébreux que j'adorais. Il s'appuyais nonchalamment sur la barrière du balcon de notre chambre et c'était franchement très sexy.

- Qu'est-ce que tu fais là tout seul?

Sans même attendre sa raiponce, je m'installais dans ses bras alors que lui posais sa tête sur mon épaule. Je sentais qu'il avait besoin de réconfort.

- J'avais besoin de m'éloigner de ma mère. Elle peut-être parfois un peu étouffante surtout maintenant que je suis devenu l'Alpha. Et je n'ai pas supporter son comportement d'aujourd'hui.

- Je crois qu'elle a simplement de temps pour se faire à l'idée qu'elle ne sera bientôt plus la Luna. J'imagine que c'est un rôle qui lui tient à cœur.

Depuis que j'étais là, j'avais compris qu'il venait sur la terrasse dès qu'il était perdu ou angoissé parce qu'il ne voulait pas montrer ses faiblesses à sa meute ou à moi alors je savais pertinemment que sa mère n'était pas la raison principal à sa venu ici.

Je me blottissais un peu plus dans ses bras.

- August, est-ce qu'il y a un problème?

- Ce n'est pas vraiment un problème.

Il me faisait peur. En à peine une phrase il arrivait à semer en moi des milliers de question et de doute qu'habituellement je ne me souciais guère.

- Qu'est-ce qui se passe August?

- J'ai juste besoin d'un peu de temps pour m'habituer à tout ça.

- Je ne comprends pas.

- C'est simplement qu'il y a encore quelques semaines, j'étais seul et vivais au jour le jour avec les filles. Et aujourd'hui j'ai trouvé ma femelle.

C'était clair, j'étais complètement paniqué. Est-ce qu'il avait des doutes, des regrets pour nous? Peut-être que ça allait trop vite pour lui? Peut-être qu'il s'était rendu compte qu'en réalité il ne m'aimait pas ?

- Sasha, c'est tellement étrange de t'aimer à ce point et en si peu de temps alors qu'il y a encore peu de temps je doutais de l'existence de l'amour.

Ces mots et son baiser sur ma marque avaient réussi à calmer mes songes en un millième de seconde. Il m'aimait. J'en était tellement soulagé.

- August...

- Je t'aime tant Sasha et j'aimerais tellement que tu...

Il hésitait alors je tenta de l'aider à se dévoiler à moi comme j'avais pu le faire.

- Que je ?

Alors qu'il allait se remettre à parler, sa mère l'interrompis en l'appelant depuis le salon.

- August descends qu'on puisse aller voir ces enfants et leur mère.

- Laisse tomber ce n'est pas important. Nous en parlerons plus tard. Ce n'est pas important.

Il m'embrassait doucement l'arrière de ma tête et nous fit descendre au rez-de-chaussée où nous attendais de sa mère de pied ferme.

- Nous arrivons !

August

Qu'est-ce que j'aimerais voir à chaque instant ce sourire sur le visage de Sasha. Il lui allait si bien. Elle était si belle. J'avais vraiment bien fait d'avoir installé les gamins et Mathilda ici surtout si ça lui permettait d'avoir ce magnifique sourire.

- Qu'est-ce qu'ils sont nombreux.

J'aimais ma mère mais parfois j'avais très envie de la faire taire, elle arrivait toujours à gâcher l'ambiance avec ces remarques désobligeantes.

- C'est exact madame mais ils sont aussi les enfants les plus merveilleux que je connaisse.

Ah peut-être que Mathilda arrivera à la faire taire, connaissant sa façon de mener les discussion, leur rencontre risquait d'être amusante à regarder.

- Et qui êtes-vous?

- Leur mère.

- Ah c'est vous qui avez élevé cette Sasha.

Je sentais tellement de dégout dans son nom que même si c'était ma mère, mon loup ne pouvais supporter tel mépris envers ma compagne. Il ne supportais pas qu'on lui manque de respect.

Et moi non plus !

- Mère!

Tout le monde se retournais vers nous d'un coup pour comprendre d'où venait ma soudaine colère.

- Les enfants ne vous inquiétais pas c'est que... que...

Trouve vite une excuse putain.

Je suis sur que si s'avait été Sasha elle l'aurait en moins de deux secondes ; elle était beaucoup plus doué que moi avec les enfants.

- Ma.. ma mère a faillit tomber.

Je voyais bien que Sasha ne croyait pas du tout à mon histoire mais vu que les petits monstres y ont cru elle ne dit rien et se reconcentra sur eux.

- Il faut faire attention madame.

Il était vraiment mignon ce petit Ethan, un ange mais un peu naïf.

Cette fois-ci je parlais plus doucement pour que tout le monde ne puisse pas entendre.

- Je vous interdis de parler ainsi de Sasha.

Mon ton était plus dur que ce que je voudrais, mais je voulais qu'elle comprenne que Sasha était très important à mes yeux et que je l'aimais sincèrement.

- Comprends moi August. Pendant longtemps j'ai toujours cru que Célestine deviendrais ta femme, alors voir maintenant que c'est cette enfant qui le devient.

J'ai bien envie de lui dire que ce n'est pas une excuse mais on va rester courtois.

- Mère... Sasha n'est pas une enfant pas après tout ce qu'elle a vécu. Ensuite elle est la femme que j'aime et je sais qu'elle sera une parfaite Luna comme tu l'as été, mais elle ne sera pas comme toi.

Je l'empêcherais de finir comme toi.

- Je l'entends et le comprends. Mais tu as déjà presque trente ans et elle n'a même pas encore vingt ans, la différence d'âge est trop importante. Célestine est plus adapté pour être la Luna.

Je n'avais plus envie de lui répondre. Elle disais comprendre mais il en était rien. Elle était toujours la même, seule ce qu'elle pensait lui importait refusant de changer d'avis.

- De toute façon mère c'est ainsi. Elle est ma compagne que tu le veuille ou non. Et tu sais pertinemment qu'on ne choisi pas. Et si je devais choisir ma Luna se serait Sasha et personne d'autre.

- Pauvre Célestine.

Je n'avais jamais compris pourquoi ma mère l'appréciait tant et cela même quand je sortais avec elle. Et aujourd'hui je le comprennais encore moins.

- Je vais parler à Célestine. Je sais que j'ai mes tors dans cette histoire mais elle devait bien se douter qu'un jour ma femme serait prête et m'appellerais.

- Julia ...

- Elyas ...

Mon père la prit dans mes bras pour la réconforter même si à vrai dire je ne savais pas vraiment pourquoi elle avait une telle réaction mais bon elle a toujours été un peu compliqué. Autrefois je priais pour ne pas tomber sur une âme-sœur comme ma mère ; heureusement j'étais tombé sur ma petite Sasha. Parfois je plaignais mon père mais en même temps je comprennais ma mère.

Ma mère non plus n'a pas eu la vie facile. Elle est née dans une famille qui était très riche mais qui a tout perdu alors qu'elle n'avait que dix ans et sa mère s'est suicidée peu de temps après ne supportant pas de vivre dans la pauvreté. Si elle n'était pas devenu la compagne de mon père, elle aurait sans doute été forcée par son père à se prostituer. Aujourd'hui elle n'a presque plus aucun contact avec lui sauf le jour de son anniversaire où elle lui envoie toujours une lettre même s'il ne lui réponds jamais en retour.

Sachant tout ça je prenais sur moi car après tout elle était quand même ma mère.

- J'espère que vous serez là au banquet de ce soir.

Ce banquet avait été organisé par les Dames de Luna pour officiellement présenter Sasha à la meute comme leur Luna. D'ailleurs c'est durant cette occasion que je vais essayer de parler avec Célestine pour m'assurer qu'il n'y ai plus aucun quiproquo entre nous.

- Bien sûr mon fils. Nous ne raterons ça pour rien au monde.

- Parfait j'ai hâte.

Surtout en sachant que Sasha portera la robe que je lui ai spécialement choisi.

*****

J'espère que ce chapitre vous a plu. N'oubliez pas de donner votre
avis.

A bientôt.

Chapitre 17

S asha

- Vous êtes sûr qu'elle me va?

Pourquoi fallait-il que je porte une robe pour le banquet de ce soir ? Comme pour ses parents, August ne m'avait prévenu que ce matin qu'il y aurait une réception organisée en mon honneur pour officiellement me présenter à la meute comme étant leur Luna. Delà je prendrais mes fonction de Luna même si je ne savais toujours pas ce que cela impliquait mais mes... Dames m'ont assurée qu'elles seraient toujours à mes côtés pour m'aiguiller.

- Elle vous va à ravir madame.

C'est pas beau de mentir Dahlia.

- Sasha. Appelez moi Sasha.

- Mon dieu, cela fait si longtemps que je n'ai pas porté de robe. En fait je crois n'en n'avoir jamais porté ou en tout cas pas comme celle-là.

- C'est l'Alpha qui la choisi pour vous.

- Ah oui ?

Savoir que c'était August qui avait choisi ma robe me réchauffait le cœur et me donnait l'envie de la porter pour la soirée. Même si je n'aimais l'idée, je voulais lui faire plaisir. En plus j'ai remarqué qu'il a fait exprès de prendre une robe qui cache mes cicatrices.

- Alors je crois que je vais la porter.

Je souriais comme une enfant devant le miroir.

- Venez Sasha. Cléo va vous coiffer et maquiller pendant que nous nous allons nous préparer et finir les préparatifs ainsi qu'accueillir les invités.

- Qui es invité ?

- La meute.

Les autres Dames sortaient une par une pendant que Cléo préparait les outils me rendre belle. Je voyais bien qu'elle n'était pas à l'aise et moi non plus de toute façon.

- Je voulais m'excuser.

Elle releva d'un coup son regard sur moi.

- De quoi ?

- La première fois qu'on s'est vu je vous ai mal parlé et c'est pourquoi aujourd'hui je voulais m'excuser surtout auprès de toi.

- Ne vous inquiétez pas. Moi aussi je me suis mal comporté avec vous.

- Pitié tutoie moi.

- Ca je ne le peux pas mais par contre nous pouvons vous appelez par votre prénom comme vous le désirez.

- Eh bien c'est déjà ça...

Je soufflais un peu car cette situation de me faire vouvoyer ne me plaisait pas du tout. Il allait falloir que j'en parle à August. Je suis sûr que lui pourra les persuader de changer ce petit détail qui me donne quand même l'impression d'avoir soixante ans.

- Cléo...

- Oui ?

- J'avais une petite question qui va surement de paraître drôle ?

- Je vous écoute ?

- Comme tu le sais à partir de ce soir, je deviendrais officiellement la Luna de la meute. Sauf que personne ne m'a dit en quoi consistait ce rôle.

Je souriais à l'idée que j'allais m'engager à quelque chose or je ne savais pas quoi.

- La Luna a plusieurs rôle mais son premier est sans doute de donner une descendance à l'Alpha et donc héritier.

- Et ce pourrait-il qu'il faut que ce soit un garçon?

- Vous avez raison. Seul un mâle peut devenir l'Alpha.

Le contraire m'aurait étonnée.

- Bienvenu au Moyen-Age. Alors je ne sers qu'à donner des enfants à la meute.

Moi qui pensais que j'allais avoir un pouvoir, un rôle à jouer dans la vie de la meute. Bah c'est raté je ne suis là que pour faire la nounou.

- Absolument pas. Vous avez d'autre rôle et c'est pour cela que nous sommes pour vous aider comme l'Alpha à ses bêtas. Vous devez supervisez l'organisation d'évènements, gérer le budget de la meute et vous occupez des enfants, de leur éducation. Pour ces différentes choses Dahlia, Elisa et moi nous vous aiderons. April vous secondera comme disons une assistante. Chacune de nous est là pour vous secondez dans ces tâches mais il y'en a que nous ne pouvons pas accomplir. Vous êtes la Luna vous êtes en charge de seconder l'Alpha comme par exemple le remplacer à la tête de la meute lorsqu'il s'absente mais vous êtes aussi l'ambassadrice de la meute quand des évènements sont organisés par d'autres meutes.

- Ca arrive souvent ?

- De temps en temps. Vous voilà prête.

Devant le miroir j'avais tout le loisir d'observer mon reflet et de découvrir que pour une fois je pouvais dire que j'étais belle.

- Tu as fait un chef d'œuvre.

- C'est que vous êtes belle naturellement.

- Bah voyons ...

Finalement elle était gentille Cléo. Je l'avais vraiment mal jugée.

- C'est vrai, Sasha. Vous êtes magnifique et tous les membres de la meute qui vous ont déjà vu sont tous très fier de vous avoir comme Luna. Plutôt que cette Célestine.

Elle avait chuchoter la dernière phrase mais je l'avais très entendu et j'étais quelque peu soulagé que la meute n'apprécie pas Célestine.

- Tu n'as pas l'air d'aimer Célestine.

- Oh pardon vous m'avez entendu.

- Ce n'est pas grave. Répond à ma question.

- Ce n'est pas que je ne l'aime mais disons que depuis les autres filles et moi avons été choisies pour devenir vos Dames, elle nous donnait des ordres. Elle disait qu'en étant avec l'Alpha elle était notre Luna.

Nous n'avions le choix de lui obéir vu qu'à une époque elle était proche de l'Alpha et il refusait qu'on parle mal d'elle. Ca la conforter dans l'idée qu'elle était la Luna. Mais ça c'était jusqu'à ce vous arriviez. Depuis l'Alpha ne préoccupe plus d'elle.

Je devais avouer qu'à l'intérieur de moi je bouillonnais de colère et de jalousie de savoir qu'August et elle aient été si proche.

- Que fait-elle maintenant?

- Elle a toujours son poste de secrétaire à MortonCorp.

Ah c'est vrai qu'August en est le directeur général. En plus de devoir gérer la meute il doit avoir beaucoup de boulot.

- J'ai entendu dire qu'August en était le directeur.

- C'est exact. Maintenant que vous êtes là, vous allez pouvoir le soulager un peu.

- Je vais tout faire pour. Dernière question puis après je vais te laisser aller te préparer. Célestine travaille près d'August ?

- Elle est sa secrétaire particulier.

August

Nous étions tous réuni dehors pour célébrer la venue de Sasha. Tout le monde était déjà arriver et on attendait la vedette de la soirée qui se faisait attendre. Je sentais grâce au lien que quelque chose la contrariait mais je n'arrivais pas à savoir. Peut-être que la robe lui plaisait, j'avais pourtant bien fait attention à ce qu'on ne voit pas ses jambes et les différentes marques que possède son corp car je sais qu'elle déteste que les autres puisse les voir.

Soudain un grand silence apparut et je remarque que chacun se tournait vers la maison. Sasha se tenait mal à l'aise sous le perron.

Je me dirigea vers elle et lui tendit ma main qu'elle prit volontiers. Elle s'accrocha à mon bras et je nous emmena au centre du groupe formé par la meute près de l'immense table installé spécialement pour l'occasion.

- C'est très jolie.

- Remercie tes Dames elles ont tout préparé.

- Je le ferais.

- Je vois que tu les apprécie.

- Oui elles sont gentille. Je les ai mal jugées.

- J'en suis heureux.

Tout le monde s'installa à table et nous commencions tous à manger tranquillement mais je pouvais sentir une nouvelle fois que quelque chose la tracassait.

- Qu'est-ce qu'il y a ? Depuis tout à l'heure je te sens que tu es contrariée.

- C'est le moins qu'on puisse dire mais je préfèrerais qu'on parle plus tard.

- Comme tu veux.

La soirée se déroulait tranquillement. Sasha discutait avec mes bêtas Mathilda et Jessica joyeusement. J'avais demandé à ce qu'elles ne soient pas installées trop loin. Les autres enfants étaient avec les louveteaux au bout de la table et j'étais heureux de voir qu'ils s'étaient bien intégrés. Soudain je remarqua que quelqu'un était absent.

- Je ne vois pas Isaac.

- Il a du resté à la maison.

Mathilda m'avait répondu alors que Sasha s'était tendu instantané-ment à l'évocation d'Isaac.

- Il y a un problème ?

- C'est simplement qu'il ne voulait pas venir. Il n'est pas à l'aise avec tous ses loups.

Je ne savais qu'Isaac avait un problème à être en compagnie de loup. Ca devait être pour ça que je ne l'avais pas vu encore une fois depuis qu'ils étaient arrivés.

- J'ai bien essayer de le convaincre mais vous savez comment sont les adolescents.

- Pas vraiment.

- Eh bien vous avez bien de la chance.

La soirée se passait vraiment à merveille jusqu'à qu'Isaac apparaisse soudainement trempé de sueur et complètement apeuré.

- Isaac ?

Sasha se leva immédiatement et se dirigea vers lui. Heureusement que j'avais l'ouïe fini sinon je n'aurais jamais pu entendre ce qu'ils se disaient.

- Sasha j'en ai besoin.

Isaac tremblait de partout et avait le regard hagard.

- Depuis combien temps es tu dans cet état ?

- Ce n'est pas le plus important !

- Si Isaac ! Combien de temps ?

- Deux heures peut-être plus. Je pensais pouvoir y arriver sans l'utiliser.

- Idiot.

Sasha se tourna vers Jessica.

- Va le chercher.

Jess s'était levée avant même que ma compagne ne lui demande.

- Où ?

- Dans la chambre de Ma.

Elle se mit à courir pendant que Sasha tentait de calmer Isaac.

- Quelqu'un peut me dire ce qu'il passe.

Personne ne me répondit ni Sasha trop occupé avec Isaac ni Mathilda partit vers les gosses. Je décida donc de me diriger vers la source du problème.

- Ne t'approche pas!

Sasha me hurla dessus sans même me regarder complètement concentré sur Isaac.

- Merde.

En une fraction de seconde elle se retrouva projeté quelques mètres plus loin tandis qu'un loup blanc avec le corps parsemé de cicatrice en tout genre apparu. Je courus vers Sasha mais celle-ci se releva sans problème et m'écarte.

- Sasha ?

- Ne t'en occupe pas August.

Comme voulais-t-elle que je reste en arrière alors qu'Isaac venait de se transformer en loup sur mon territoire !

- Jessica !

Le loup devant nous était complètement désorienté, il était impossible pour moi de rentrer en contact avec lui. Plusieurs de mes gars s'étaient transformés pour protéger les femmes et les enfants car le loup d'Isaac était complétement fou. Il fonçait partout et se prenait tous les arbres ; il donnait l'impression de le faire exprès. Je me tourna vers Sasha m'attendant à ce qu'elle soit complètement paniquée mais je ne sentais aucune peur en elle.

Jessica réapparut avec un fusil à la main et courant vers nous.

- Combien de charge ?

- Trois.

- Tu ne vas quand même pas abattre Isaac ?

Elle ne daignas même pas me répondre. Ma meute n'était vraiment pas rassuré et je sentais que mes gars s'agitaient fortement. Il voulait attaquer Isaac. Pas pour le tuer mais pour le maitriser. Sentant qu'il n'y avait rien à faire d'autre je leur donnais mon accord.

- N'approchez pas de lui !

Ils s'arrêtèrent tous instantanément répondant à l'ordre de leur Luna. J'étais sûr qu'elle ne s'était même pas aperçu de ce qu'elle venait de faire.

- Isaac soit tu te retransforme soit je tire !

Elle pensait que dans lequel il était, il allait l'écouter ? Elle se mit à compter.

- Un... deux... trois... Tant pis t'aura mal.

Elle tira une première fois et je découvris que ce n'était pas une balle mais une fléchette. Après l'avoir reçu le loup se mit à lui courir dessus mais Sasha ne flancha pas et lui tira une deuxième fois dessus. Le loup s'arrêta net et Sasha s'avança vers lui alors qu'il s'effondra par terre. Elle tira une troisième fois. Isaac redevenait petit à petit humain. Il était complètement trempé et avait du mal à respire alors qu'il était inconscient au sol. Sasha s'accroupit à côté de lui et lui retira les trois fléchettes.

- Désolé mais tu ne m'as pas laissé le choix.

Je crus entendre un merci chuchoter par Isaac mais je n'en étais pas sûr.

- Charlie occupe toi de lui.

Le médecin de la meute se précipita vers lui en même temps que deux autres gars qui l'aidèrent à le transporter à l'infirmerie.

- La soirée est fini. Tout le monde rentre chez soi.

Sasha était partit du côté de ses frères et sœurs qui étaient complètement paniquée.

- Allez c'est fini. Vous savez comment est Isaac, il veut toujours se faire remarquer.

- Il est mort ?

Sasha tendit sa main et lui essuya les quelques larmes qui avaient coulé sur ses joues.

- Bien sûr que non Leslie.

- Alors qu'est-ce qu'il a ?

- Je vous ai déjà dit que le loup d'Isaac est maladroit et qu'il risque de se blesser s'il ne s'endort pas. Allez il est l'heure d'aller faire dodo.

Je l'avais déjà remarquer mais Sasha avait le don de calmer les enfants ou en tout cas de trouver ce qu'il fallait leur dire pour les protéger.

Je m'approcha d'elle doucement pour l'enlacer par derrière alors que les petits monstres avaient rejoint leur maison.

- J'imagine que tu veux des explications.

- Tu imagines biens mais on verra ça demain matin ma petite guerrière. Je ne savais pas que savais tirer.

- J'ai appris car j'ai ressenti après m'être sauver de me sentir en sécurité et en mesure de me défendre moi et les enfants.

- Allez il est l'heure d'aller faire dodo.

J'espérais que ma petite remarque détendit l'atmosphère et heureusement ce fut le cas.

- Idiot.

Elle me tapa gentiment le torse tout en souriant devant ma bêtise. Je lui attrapa la main et la porta à ma bouche pour y déposer un baiser puis plongea mon regard dans le sien.

- J'aimerais tellement que tu n'es plus de secret pour moi.

*****

J'espère que ce chapitre vous a plus et j'aimerais savoir vos théorie face au comportement d'Isaac. N'hésitez donc pas à laisser un commentaire.

A bientôt.

Chapitre 18

S asha

Mon dieu... jamais je n'aurai cru que la soirée allait se passer ainsi ! Mais c'est de ma faute j'aurai du anticiper. Comme expliquer à August la situation je sais qu'il dit qu'on en parlerait demain mais je sens aussi qu'il s'inquiète pour sa meute et qu'il veut une explication pour pouvoir agir en conséquence. Le problème c'est qu'en lui racontant l'histoire d'Isaac je trahis la confiance qu'il a placé en moi, et ce n'a pas été facile de la gagner. Au début Isaac était toujours sur ses gardes. Le moindre bruit le faisait sursauter et avec son ouïe de loup il entendait absolument tout ; comme il n'était jamais sorti dehors, il ne comprenait pas ce qu'il entendait, tout était nouveau et effrayant pour lui. Le problème venait aussi de ses transformations, il devenait complètement incontrôlable et plusieurs fois j'ai cru qu'il allait nous tuer. On a finalement trouvé la solution, à chaque fois qu'il se transformait on lui donnait des tranquillisant très puissant grâce à des fléchettes. Cependant ces médocs ne sont vraiment pas agréable pour lui ; pendant des jours il souffre et se remémore de terribles souvenirs.

Allongé dans notre lit, je n'arrive pas à trouver le sommeil. Je sens toute l'agitation et l'inquiétude de mon homme qui lui non plus n'arrive pas à dormir.

- August...

- Sasha nous en parleront demain.

- Je... voulais...

Je me retournais vers lui et il fit de même.

- Ma belle... je sais que pour vous c'est compliqué de parler. Tout comme toi qui ressent mes inquiétudes moi je sens que tu n'as pas envie d'en parler maintenant. Je le comprend et je l'accepte. Mais il faudra quand même que nous parlons ensemble d'Isaac mais de toi aussi. D'accord ?

Il caressait doucement mon visage et mes cheveux dans un tendre geste que j'affectionnais particulièrement et qui avait le don de me calmer.

- Oui.

Je m'approchais doucement de lui et posa ma tête sur son torse tandis que lui m'encerclait de ses bras.

- Je t'aime.

A mes mots il déposa un baiser sur mon front.

- Moi aussi ma belle.

- Au faite la robe était magnifique.

Je le sentis sourire.

- C'était toi la plus belle.

- Ah oui ? J'ai pourtant cru comprendre que Célestine était aussi très belle.

Cette fois-ci il se tendis presque instantanément.

- De quoi parles-tu ?

- Disons que j'ai entendu qu'elle occupait la place de Luna avant moi.

Il se releva immédiatement, je fis de même mais de façon moins brutale.

- Sasha écoute moi...

- Mais je t'écoute August.

- Célestine eh bien elle est...

- Ton assistante?

- Oui mon assistante mais disons qu'elle est aussi...

- Ta maîtresse ?

- Oui enfin non... Merde...

Intérieurement je rigolais, je crois bien que c'est la première fois que je le vois réagir ainsi et c'est très drôle.

Il est vrai que tout à l'heure, j'étais franchement très en colère qu'August ne m'ai rien dit sur cette femme qui est en plus son assistante et celle qui est entrée chez nous comme si c'était chez elle tout en le réclamant comme son compagnon. Avec la suite des évènements, j'avais oublié de discuter avec lui de ce sujet. Mais pendant le banquet, j'ai remarqué que malgré les différentes tentatives de Célestine d'attirer son attention celle-ci avaient toutes échouer et il ne lui avait pas montré le moindre intérêt ; j'ai dont très vite compris qu'ils n'y avaient plus rien entre eux et qu'en réalité il n'avait jamais rien eu entre eux.

- Célestine est mon ex. On a été "ensemble" mais je ne faisais que l'utiliser pour... bah tu vois quoi.

- Oui je vois.

- En tout cas je veux que tu sache que je ne l'ai jamais aimé. J'ai eu mes tors avec elle. J'ai 28 ans Sasha et pendant longtemps j'ai cru ne jamais te trouver et même que tu n'existais pas. Alors il est vrai que j'ai peut-être que j'ai laissé croire Célestine qu'elle serait la Luna de la meute. Mais j'avais tors de la laisser faire. Tu ne m'en veux pas ? Et ne t'inquiète pas je vais avoir une discussion avec elle pour que ce qu'elle a fait ne recommence pas.

- Je te crois. Allez viens te recoucher.

Il se réalongea sur le lit et immédiatement je me remis dans ses bras.

- C'est pour ça que tu étais en colère cette après-midi?

- En autre oui. Avec les récents évènements j'avais oublié que Célestine c'était permis de venir chez nous sans qu'on l'y invite et pendant que je me préparais j'ai appris ce qu'avait été vraiment votre relation et qu'en plus elle était ton assistante alors oui ça m'a mit en colère. Mais ce soir j'ai vu que malgré tous ses efforts pour que tu la regarde tu ne l'as jamais alors ça m'a rassurée.

Il se mit à embrasser tendrement mon cou à plusieurs reprises.

- Tu as dit chez nous.

- August qu'important où on sera tant que tu es avec moi ça sera chez moi.

Cette-fois ça bouche n'était pas sur mon cou mais sur ma bouche pour un baiser passionné et sauvage mais aussi rempli de tendresse.

- Je t'aime.

Petit à petit August bascula sur moi et on se retrouva très vite l'un et l'autre sans vêtement.

Nous étions nu tous les deux et August dormais paisiblement tandis que moi je n'arrivais pas à m'endormir car mes pensées n'étaient tournées vers Isaac. Je m'inquiétais beaucoup pour lui et malgré le fait que je sache qu'il n'allait pas bien surtout après qu'il se soit transformé, j'avais pris du plaisir auprès d'August ; je m'en voulais un peu.

- Sasha...

- Désole je t'ai réveillé ?

J'étais pourtant sûr de ne pas avoir bouger.

- Involontairement. Je te sens agiter.

- Je le suis.

- Isaac va très bien. Charlie l'a placé dans une des chambres de la section psychiatrie pour qu'il se calme.

- Psychiatrie ? Isaac n'est pas un fou qu'il faut enfermé.

- Sur le moment si. Il fallait l'isoler pour éviter un accident et c'est la seule section capable de le faire. C'est pour son bien.

- Est-ce qu'il est attaché ?

- Oui.

- Alors vous n'avez rien compris !

Je me lève rapidement et enfile vite des vêtements.

- Qu'est-ce que tu fais?

- Il faut que je sois auprès de lui. Il a besoin de moi.

- Sasha les médecins vont très s'occuper de lui.

- Non. La preuve ils l'ont attaché alors que c'est la dernière chose à faire. August tu as deux solutions soit tu te dépêche de m'emmener là-bas soit je trouve mon chemin toute seule. Sache que si tu choisis la deuxième option je te jure que je retournais vivre pendant un certain chez ma mère. Alors que choisis-tu?

- Laisse moi le temps de m'habiller.

- Parfait

- Je ne suis pas sûr que ce soit une bonne idée. Vous êtes celle qui lui a tirer dessus, je ne sais pas que pourrait être sa réaction.

Ne t'énerve pas. Ne t'énerve pas.

- Sasha écoute Charlie. Il est médecin et il sait de quoi il parle. Je ne veux pas qu'Isaac te blesse.

Ne t'énerve surtout pas.

- c'est vous qui allez m'écouter. Vous n'avez rien compris à la situation.

- Je pense avoir très compris. Isaac souffre d'un rejet de son loup, c'est une pathologie rare chez les loups-garous mais qui arrive. Le mieux c'est de le garder ici.

Je lâche malgré moi un petit rire d'incrédulité. J'imagine que j'arriverais pas à les convaincre je vais donc essayer de négocier mais à ma manière.

- Je veux voir mon frère.

- Sasha il est deux heures du matin. Tu le verras demain.

- Bon soit vous me laissez le voir soit je vais chercher ma mère et étant donné qu'elle est son tuteur légale vous serrez obligé de la laisser passer et croyez moi vous ne voulez pas la voir en colère.

- Sasha...

- August tu as peur pour moi je le comprends mais Isaac a vraiment besoin de moi.

Je sens qu'il utilise notre lien pour interpréter pourquoi je cherche tant à voir Isaac. Bien sûr je fais en sorte qu'il ne sente pas mais véritable intention.

- Je te propose que tu viennes avec moi et si tu veux avec d'autre en plus pour assurer ma protection.

- D'accord mais tu reste près de moi.

- Bien sûr.

- Je ne pense vraiment pas que ce soit une bonne idée. Isaac est trop instable.

Il est trop instable à cause de toi.

Nous traversons un long couloir et passons devant plusieurs chambres avant que Charlie s'arrête devant une.

Même avec la porte fermer j'arrive à entendre les plaintes et gémissement de détresse de mon frère. Une vitre nous permet de voir l'intérieur de la pièce et en moi déchaine tout un tas d'émotion tant je comprends plus que n'importe qui ce que ressent Isaac. Il n'y a qu'un lit où il est attaché par menottes à ses poignets, en plus il est relié à deux machines autour du lit. Isaac tente de se détacher, mais puisqu'il a reçu trois doses de tranquillisant il y a quelques heures à peine, il ne risque pas d'avoir la force nécessaire.

- Vous voyez. Il est trop instable.

- Laissez moi entrer.

- Tu es sûr ?

- Oui.

Je suis très touché qu'August s'inquiète autant pour moi, mais là Isaac souffre et je ne peux pas le laisser ainsi. Je ne comprends que trop bien sa détresse la vivant moi même presque chaque nuit.

J'ouvre doucement la porte ne cherchant pas à l'effrayer d'avantage, August me suit de très près et ne ferme pas la porte.

- Isaac, écoute ma voix. Rien que ma voix.

Alors que j'essaye de m'approcher de lui mon compagnon me retient en m'attrapant mon poignet. Je m'échappe de sa prise facilement et le met par terre profitant de ce temps pour me précipiter vers Isaac et le détacher. En quelques secondes il se retrouve blottit dans un coin complètement paniqué et je sais à ce moment là qu'Isaac est redevenu l'enfant que j'ai trouvé dans une cage il y a de cela quatre ans.

- Sasha !

Je me retourne immédiatement vers August et il comprends instantanément à mes yeux qu'il doit se terre.

Pour calmer lorsqu'il est dans cet état il n'y a qu'une seule qui l'a toujours calmé, lui chanter la chanson que sa mère lui apprise avant de mourir.

-Ох ты, зимний ветер, который приходит, чтобы коснуться моей кожи с твоей силой,

Защити мое дитя от греха,

Вложи в него свою силу,

Изгнать тьму с твоего пути.

(Oh toi vent d'hiver qui vient toucher ma peau de ta force,

Protège mon enfant des péchés,

Insuffle lui ta puissance,

Chasse les ténèbres de ton passage.)

Mon chant apaise rapidement Isaac et comme à chaque foi il finit avec moi de chanter les paroles.

- Зимний ветер тебя, кто видит, как поднимается свет,

дает моему ребенку силы встать.

(Vent d'hiver toi qui voit la lumière se lever,

donne à mon enfant la force de se lever.)

Je me rapproche lentement de lui jusqu'à pouvoir le prendre dans mes bras. Il relève la tête vers moi et le regard qu'il me lance ne me laisse aucun doute, le Isaac que j'ai devant moi et celui de ses 11 ans.

- Est-ce que les étoiles existent ?

A chaque fois il me pose cette question, c'est la première chose qu'il m'a dite lorsque je lui dit qu'il pouvait sortir qu'il était sauvé.

- Oui.

Isaac pleure pendant je ne sais combien de temps mais je ne l'en empêche pas, il en a besoin. Quand je le sens enfin se calmer, je change de position et place son bras sur mes épaules pour l'aider à se relever.

Je nous fais sortir de la chambre sous le regard interrogatif de mon compagnon mais ce n'est pas le moment de lui donner des réponses. Soudain un main attrape mon poignet, c'est Charlie.

Je l'avais oublié lui.

- Que faites-vous ?

Je n'ai pas le temps qu'August l'attrape et lui ordonne de me lâcher.

- Lâche ma femme.

Je regarde mon compagnon tendrement et lui lance un merci muet.

- Oui alpha.

Je fais le chemin inverse de tout à l'heure avec Isaac à mes cotés. Nous sortons tous les deux de l'hôpital et heureusement qu'il est tard dans la nuit sinon je pense qu'on aurait fait peur aux enfants.

Je nous dirige tous les deux en haut du village à coter de la maison. Nous avançons lentement mais je sais qu'Isaac est épuisé. D'un coup il parait plus léger.

- Je vais t'aider.

- August...

- Je ne comprends pas ce que tu fais mais tu es ma femme je dois te faire confiance. Pardon de ne pas l'avoir fait plus tôt. Où est-ce qu'on va ?

- A la clairière à côté de la maison.

Après quelques pas August décide finalement de mettre Isaac sur son dos.

- Dépose le au sol.

Je m'installe à côté de lui et August se mit à mes côtés.

- Alors c'est ça les étoiles ?

- Eh oui Isaac c'est les étoiles.

- C'est joli.

- Oui c'est joli Isaac.

- Alors c'est mon prénom Isaac?

- Oui.

- C'est quoi le tien ?

Quelques larmes coulaient de mes joues.

- Rassia.

*****

Merci à tous d'avoir lu ce chapitre, j'espère qu'il vous a plu et n'hésitez pas à laisser un commentaire.

A bientôt.

Chapitre 19

S asha

Trois mois se sont écoulés depuis l'incident du banquet. Trois mois très éprouvant pour tout le monde. J'ai dû apprendre mon nouveau rôle dans la meute, celui de la Luna et ça été plutôt compliqué. Avec l'aide de mes dames et d'August j'arrive de mieux en mieux à comprendre comment tout ça marche et je crois même pouvoir dire qu'aujourd'hui je suis vraiment une Luna même s'il me reste encore des choses à apprendre.

Je me souviens que le lendemain du banquet tout le monde m'avait sauté dessus car j'avais plein de nouveaux devoirs à accomplir. D'abord l'école qui voulait savoir si le système éducatif me convenait, j'ai répondu que pour le moment je ne voyais aucun problème dans le programme scolaire et dans leur méthode éducative mais que je leur signalerais si je voulais le moindre changement. Sur le moment je m'étais quand même posé la question de est-ce qu'il était sérieux car si je l'avais voulu j'aurai pu changé tout leur système alors que n'y connaissait absolument rien en matière d'éducation. Il a fallu ensuite gérer les évènements de la meute puis ceux dans les autres meutes dans lesquels j'ai été présenter comme la Luna de la meute Morton, heureusement qu'August était là à chaque fois car c'était franchement très gênant et intimidant d'avoir tous ses regards posés sur moi. Enfin il y a eu le budget et c'est ce point qui m'a posé le plus de problème et encore maintenant il m'en pose ; en tant que Luna je suis chargée d'attribuer à chaque poste que ce soit l'éducation, la santé et la sécurité mais aussi aux différentes familles qui composent la meute, le budget et les subventions. C'est à cet endroit que je n'étais pas satisfaite, les subventions ; il se trouvait que même dans la meute il y avait des inégalités flagrantes.

J'ai d'abords retirer les subventions de tous ceux qui travaillaient à l'extérieur de la meute et donc qui avaient un emploi et un salaire ; en réalité ils travaillent tous à la Morton.Corp. Les gens n'étaient pas du tout content mais je suis assez fière de moi sur ce coup j'ai réussi à leur faire comprendre que c'était inacceptable qu'ils aient deux salaires alors qu'ils n'avaient qu'un job. Bien sûr il y avait quelques exceptions comme les bêtas d'August qui avaient gardé des subventions mais eux travaillaient aussi pour la meute, eux n'ont eu qu'une réduction. Etant donné que ça m'a permit d'avoir de nombreux subventions en plus, j'ai augmenté le budget de l'éducation mais aussi ceux des gardes de la meutes qui a mon goût n'avaient pas ce qu'ils méritent comme les institutrices et les nounous, en gros toutes ceux qui travaillent pour la meute et qui donnent énormément de leur temps et énergie. J'étais très satisfaite de mon travail mais bien sûr mes Dames m'avaient beaucoup aidé à gérer tout ça et je leur en étais infiniment reconnaissante. La seule chose que je m'étais occupée toute seule c'était cette peste de Célestine qui avait osé me réclamer les subventions qu'elle recevait de la meute que je lui avais retiré. Je me souviens encore parfaitement de notre entrevue.

Flashback

Mon dieu qu'elle était longue cette journée; j'avais courus partout et à toute allure. August me répétais que c'était parce que c'était le début et qu'il fallait que je prenne ma place de Luna auprès de la meute, que je trouve mes marques et comment je voulais faire fonctionner cette meute. Il m'a promis que ça allait ce calmer quand j'aurai fini de boucler le nouveau budget et heureusement avec Elise on devrait normalement avoir fini dans quelques jours si tout ce passe bien de le faire. Ca sera déjà ça en moins dans mon esprit.

Alors que je pouvais enfin m'assoir sur mon canapé pour simplement me reposer, la porte claqua violemment d'un coup. Je n'étais pas la seule à avoir eu une journée pénible.

- August qu'est-ce qui te met tant en colère ?

Je me levais pour aller à l'encontre de mon homme pour savoir ce qui le mettait tant en rogne.

Sauf que ce n'était pas mon compagnon mais Célestine, son ex qui avait encore le culot de rentrer chez nous comme si c'était chez elle.

- Ce n'est pas August.

Ne t'énerve pas, elle fait partie de la meute. Sois poli.

- Je l'avais remarquée.

- Je voulais parler avec toi.

- Pourrions-nous le faire demain, je suis...

Pas le temps de finir qu'elle me coupe la parole d'un geste de la main.

Ne t'énerve pas. Reste poli. Tu es la Luna, la compagne d'August. Tu dois être responsable.

- Non nous parlons maintenant. Je n'aurai pas le temps plus tard. Je suis très occupé.

Ok sa dernière phrase était totalement un reproche fait à mon égard et avec le plus dédain possible.

Et moi je me tourne les pousses.

- De quoi voulait-tu discuter ?

Pitié pas le budget! Je ne supporterais une énième discussion aujourd'hui à ce sujet. Mais je crois bien que c'est pour ça qu'elle était là.

J'avais retiré ce matin-même à Célestine une subvention plus qu'importante. Il était anomal qu'elle reçoive chaque mois un chèque de 5000€ de la part de la meute sans aucune raison autre que ex de l'alpha.

- Je crois que tu as du faire une erreur avec le budget mais après tout c'est normal tu as 17 ans tu n'a pas les compétences pour pouvoir prétendre au titre de Luna.

Elle se montrait carrément hautaine dans son ton et ne parlons même de son regard qui me montrait clairement tout le dégout qu'elle avait pour moi. Elle se sentais supérieur à moi avec ses talons aiguilles et sa jupe tailleur.

- Pourquoi penses-tu ça ?

- On m'a enlevé mes subventions.

- Oui je sais.

- Ce n'est pas normal.

Ce qui n'est pas normal c'est que tu en reçoive, pimbêche!

- Et pourquoi ?

- Comment ça pourquoi ?

A son visage je comprennais vite qu'elle trouvais ça vraiment aber-
rant que lui retire ces fonds.

- Je te demande pourquoi trouve-tu étrange que je te retire tes
subventions ?

Elle soufflait de rage et intérieurement j'étais au ange.

- Ecoute... Sasha... mais purée quel nom ridicule.

Ne t'énerve surtout pas.

- Je suis Célestine Raizer, tu ne peux pas me les retirer. tu n'en n'as
pas le droit.

- Ton nom ne va rien changer.

- Ecoute moi. J'étais là avant toi. Avant toi c'était moi la Luna et
d'ailleurs je le suis toujours. Ne te crois pas supérieur parce qu'il t'a
marqué !

- Je ne me crois pas supérieur. Je suis la Luna de la meute étant la
compagne d'August.

- Tu n'es rien, dès qu'il en aura marre de toi il me reviendra comme
il m'est toujours revenu !

- Je peux comprendre que tu sois en colère que ce soit fini avec
August mais ça ne te donne pas le droit de pénétrer ici comme ça te
chante.

- Bien sûr que j'en ai le droit ! Je suis Célestine Raizer!

- Célestine... un nom ne fait rien de toi. Un nom n'est l'assemblage que de lettre tu n'es pas quelqu'un grâce à ça. Tu deviens quelqu'un grâce à ce que tu accompli pas grâce à ton pédrigré.

- Bien sûr que si ! Les Raizer sont la deuxième famille la plus puissante de la meute ! Tu me dois le respect !

- Mais je te respecte Célestine. Par contre pas à cause de ton nom de famille mais parce que tu es une personne à part entière.

- J'ai l'impression que tu ne comprends pas. Mais ça ne doit pas être ta faute et de toute façon je ne suis pas venu pour ça. Remet immédiatement mes subventions.

Est-ce que c'est moi ou je l'agace ?

- Non.

- En fait tu n'as rien compris ? Tu me remets mes subventions, c'est un ordre!

Garde ton calme. Prouve que tu mérites le respect.

- Non.

Sans que je comprenne ce qu'il se passe elle m'attrape par la gorge et ressert ses doigts sur celle-ci.

Elle ose m'étrangler !

- Je suis un loup et une Raizer alors si tu n'as encore pas compris parce que tu es conne je te le redis tu dois m'obéir!

Je n'allais pas me laisser faire, c'était hors de question ! Je me dégagea assez facilement de sa prise ce qui parut lui surprendre au premier abord et la déstabiliser ; j'en profita pour la gifler.

- Moi je suis ta Luna !

- Comment oses-tu ?

- Ca suffit ! J'ai assez supporter ton irrespect! Je suis ta Luna et la femme de ton alpha. En me manquant de respect tu manques de respect à August ! Et ça je ne le tolère pas !

- Tu n'es rien du tout !

- Non ! La moins que rien ici c'est toi ! Je suis celle à qui tu dois obéir ! Tu dois te plier à mes ordres ! J'ai enlevé tes subventions c'est ainsi !

- Tu n'a...

C'était à mon tour de la couper et je prenais une immense satisfaction à le faire.

- Tu n'avais aucune raison de les avoir !

Elle s'apprêtais à partir comme si ce que je disais n'avait aucune importance mais il en était hors de question.

- JE N'AI PAS FINI!

Elle se stoppa immédiatement et ne bougea plus.

Parfait.

Je la contourne et me met face à elle en cherchant à faire la voix la plus autoritaire possible.

- Tu n'as pas droit de faire irruption CHEZ MOI ! Tu ne t'approche plus d'August sauf pour le travail ! Tu me respecte ! Et tu arrêtes de te pavaner partout comme si tu étais la reine ! Tu ne donnes plus d'ordre à personne ! Car c'est MOI qui les donne car JE SUIS LA LUNA ! J'en assez de ton comportement d'enfant pourri gâté ! Est-ce que c'est compris !

Elle n'ose même plus me regarder dans les yeux et une part de moi s'en réjouis énormément mais une autre ne comprend pas vraiment pourquoi elle ne le faisait pas et pourquoi elle ne me répondait pas. Je décide de baisser le ton, mon but n'était pas de lui faire peur ou je ne sais quoi d'autre; il fallait simplement qu'elle comprenne où est sa place.

- Je t'ai posée une question. Est-ce que tu as compris où est ta place ?

- Oui... Luna... Pardonnez moi...

J'étais très étonné de sa réponse j'avais presque l'impression qu'elle m'était soumise. Ce n'est pas vraiment ce à quoi je m'attendais mais c'est pas si mal que ça.

- Parfait. Maintenant sors d'ici et surtout ne reviens plus sans être inviter. Je ne veux plus jamais avoir cette discussion?

- Oui, Luna.

Elle partit sans me regarder une seule seconde et je n'entendis même pas la porte d'entré se fermer. J'espère qu'elle retiendra vraiment la leçon car je ne suis pas sûr de pouvoir recommencer.

- Chéri ?

- August ?

- Pourquoi Célestine vient de sortir de la maison ?

- On a juste eu une petite discussion. Est-ce que ça été ta journée ?

- Oui.

Il m'embrassa le front et me pris dans ses bras et même si c'était assez soudain j'appréciais tout de même d'être dans se bras.

- Tu m'impressionne tellement.

- Pourquoi dis-tu ça ?

- Pour rien ne t'inquiète pas.

Fin Flashback

Ca me revenait maintenant. Après ma petite discussion avec Célestine, August n'avait pas arrêter de sourire étrangement pendant tout le reste de la soirée et en faite c'était tout le reste de la meute qui avait été bizarre ; ils m'avaient tous regarder très étrangement et avaient un peu changé de comportement j'avais l'impression d'être plus prise au sérieux.

Autre chose m'avait beaucoup préoccupé et était à mes yeux plus important, c'était bien sûr Isaac. Par rapport au autre fois où il avait perdu le contrôle, il avait pris beaucoup plus de temps à s'en remettre. Tout d'abord il lui avait fallu quelques jours pour se rappeler qu'il n'avait plus onze ans contre quelques heures habituellement. Ensuite le contre coup a été très dur, il s'en voulait énormément et n'arrivait pas à accepter que la meute sache ce qu'il avait vécu et qu'il n'arrivait plus à se transformer. Aujourd'hui grâce à August il arrivait petit à petit à accepter son passé, à s'accepter. Tous les deux avaient chaque semaine de longue discussion mais je ne savais pas vraiment de quoi il parlait mais le plus important c'était que je retrouve mon petit-frère petit à petit. Il y avait aussi des changements dans son comportement, Isaac avait l'air plus serein et je crois que c'est parce qu'il s'ouvre de plus en plus à la meute et que ça lui apporte un sentiment de sécurité que je ne pouvais lui donner. August m'avait révéler qu'il serait bientôt près à rejoindre la meute et peut-être même à se transformer sans perdre le contrôle, je lui étais très reconnaissante. Il réussissait réellement à sortir Isaac de son passé, à lui offrir un futur malgré qu'il sache la vérité.

Après les évènements du banquet , j'avais raconté le lendemain à August l'histoire d'Isaac. Maintenant il savait qu'Isaac était un loup albinos mais pas sa forme humaine. Il savait que c'était sa mère qui lui avait transmit ce gêne, il savait qu'elle était morte en le mettant au monde. Il savait que son père s'était tué quelque temps après ne supportant plus la mort de sa femelle. Il savait que la meute d'Isaac fut massacré par une meute rivale. Il savait qu'il avait été capturé et enfermé dans une cage ainsi qu'obligé de rester dans sa forme de loup pour être exposé durant des "soirées mondaines". Il savait que les marques sur les chevilles d'Isaac étaient des fers qu'ils lui avaient mit. Il savait qu'en réalité on pensait trouvé des enfants issus du même trafique que moi et que si on avait trouvé Isaac c'était par pur hasard. Il savait aussi que je ne lui avais pas encore tout raconter que j'avais encore des secrets mais qu'il mettait encore impossible d'en parler sans perdre complètement la tête. Il savait que la vérité était encore plus sombre que ce qu'il pouvait imaginé. Il savait que le pire était encore devant nous. Il savait que tout n'était pas terminer et que rien ne le serait tant que Marcus ne serait pas mort et ce de mes propres mains. Mais il ne savait pas que j'en aurai enfin l'occasion demain après avoir attendu pendant cinq ans.

*****

Bon voilà pour ce chapitre j'espère qu'il vous a plu. La fin laisse beaucoup de suspens et même tease un peu. Question ça se dit "tease" ? Bon de toute façon j'espère qu'il vous a plus et surtout j'aimerais savoir votre avis et vos conseil pour améliorer l'histoire donc n'hésitez pas laisser des commentaires.

A bientôt.

Chapitre 20.1

Petite précision avant de commencer. Ce chapitre est consacré d'une part à August et Célestine, en se déroulant juste après que Célestine est eu une conversation avec Sasha. Une autre partie sur Isaac après l'incident du banquet sera publié un peu plus tard.

August

Bon sang ma femme est incroyable. Elle est incroyable mais en plus elle ne s'en rend même pas compte.

Je n'avais pas osé lui dire mais j'avais assisté à une grande partie de se conversation avec Célestine et j'avoue mettre énormément retenu de ne pas lui avoir sauté dessus surtout au moment où elle l'avait étranglée. Mais mon incroyable femme avait utilisé une capacité que je ne lui connaissais pas encore. Tout d'abord elle avait fait preuve d'une grande patience et maturité en gardant son calme face à une folle dingue que je n'imaginais pas être Célestine. Et puis il y a eu ce moment qui m'a donné la chair de poule, et je sais que l'ensemble de la meute l'avait ressenti. Sasha avait utilisé pour stopper Célestine, la force de l'Alpha. C'est une capacité que tous les alphas ont, c'est ce qui nous permet de soumettre les autres loups ; chaque loup est forcé de s'incliner et d'obéir face à celle-ci. Plus un alpha est fort, plus sa force l'est aussi. Il arrivait parfois que la Luna puisse la posséder après avoir été marqué mais d'une c'était rare et ensuite il lui fallait généralement des années à la maitrisée. Or Sasha l'avait acquise en très peu de temps et puissante en elle, elle avait été capable de forcer Célestine à s'incliner devant elle sans même sans rendre compte. Célestine s'était très vite rendu compte de qui elle avait provoqué et c'est notamment pour ça que quand elle m'a croisé l'instant d'après qu'elle m'a absolument rien dit et n'avait même pas osé me regarder dans les yeux.

Avant qu'elle sorte de la maison, je lui avait dit qu'on aurait prochainement une discussion tous les deux. Le problème c'est que je crois qu'elle n'a pas très bien compris en quoi consisterait cette en-trevue demain car j'avais ressenti de l'espoir en elle et j'avais même pu apercevoir un sourire. Je crois qu'elle va tomber de très haut quand elle comprendra la raison de cette discussion qui franchement disons le va être très compliqué pour moi. Malgré que j'aime plus que tout Sasha, je ne pouvais nier que Célestine avait beaucoup comté pour moi dans le passé. Nous avons grandi ensemble et c'est avec que j'ai eu ma première relation, dans tous les sens du terme. Je reconnais que j'ai mes fautes dans cette histoire mais aujourd'hui le comportement de Célestine ne passe plus surtout après sa scène auprès de ma femme. Il était hors de question qu'elle recommence et malgré que Sasha le lui ai fait remarquer de façon à ce qu'elle ne puisse pas oublier de sitôt, je crois que c'est à moi de mettre réellement les choses au clair avec elle.

- Tu voulais me voir ?

Célestine entrainait dans mon bureau étant habillé comme d'habitude de la même façon, c'est-à-dire une jupe tailleur et de très haut talon. Elle ne pourrait pas un peu changé de temps en temps, je suis certains qu'elle s'habille tout le temps comme ça car j'ai un jour eu le malheur de lui dire que j'avais comme fantasme d'une sexy secrétaire qui me ferait des petits plaisirs sous le bureau quand j'étais ado. Le truc c'est que ce fantasme était réalisé depuis longtemps et qu'ensuite il n'y avait plus que Sasha qui comptait à mes yeux.

- Je crois que nous avons d'une discussion tous les deux.

- Mais bien sûr August, tu sais que je suis prête en tout temps pour toi.

Elle avait vraisemblablement pas compris la raison de notre rendez-vous d'aujourd'hui vu qu'elle abordait un sourire plus qu'évocateur.

Le hic Célestine c'est que je ne ressens plus rien pour toi.

- Je t'arrête tout de suite, je ne sais pas ce que tu imagines mais la raison de notre entrevue n'est que pour mettre les choses à plat entre toi et moi pour que notre passé soit définitivement mit derrière nous.

- Voyons August, tu sais pertinemment que tu te mens à toi même. Tu as besoin de moi.

- Non c'est là que tu te trompes. Sasha est la seule pour moi, elle est la seule dont j'ai besoin.

- Je comprends qu'elle soit ton... âme-sœur mais peut-elle réellement convenir à tes besoins? Car moi je le peux.

J'arrivais à ressentir dans ses paroles tout le mépris qu'elle ressentais ma compagne. Je crois bien que sa discussion avec Sasha n'a réellement pas suffit. Malgré qu'elle est utilisé la force de l'Alpha, Célestine n'avait toujours pas compris où était sa place.

- Ne t'avise plus jamais de parler de ma femme ainsi !

Je la voyais choqué ne s'attendant réellement pas que je lui crie dessus.

- Mais voyons August...

- Plus d'August pour toi. Tu as perdu le droit de m'appeler par mon prénom lorsque tu t'en es prie à ta Luna ! Tu ne crois que tu savais pas que tu avais discuter avec ma femme hier !

- Je...

Elle était complètement prise au dépourvu et ça me plaisait énormément.

- Je vois que tu n'as toujours pas compris qu'elle était ta place. Ta place Célestine est en dessous de celle de Sasha, dans mon cœur mais aussi dans la hiérarchie. Et ne pense pas un seul instant que ton nom de famille va te sauver. Etre une Raizer ne te donne pas tous les droits comme tu peux le penser !

- August...

- Non je t'ai dit de m'appeler Alpha ! A partir de maintenant tu vas changer de poste, je vais engager une nouvelle assistante. Comme tu fais quand du bon boulot, je te garde dans l'entreprise mais attention à ce que tu vas dire. Il est hors de question que tu dises du mal de

Sasha. Si jamais tu le fessais quand même je t'assure que je te chasse de la meute! Est-ce que c'est clair ?

- Oui Alpha.

Elle avait baissé la tête sous le poids de ma force.

- Je sais que j'ai mes tors dans cette histoire en t'ayant laisser croire si longtemps que tu serais ma Luna. Mais j'ai trouvé mon âme-sœur, j'ai trouvé Sasha et je l'aime. Il m'est impossible de continuer toute relation avec toi. J'espère sincèrement que tu trouveras ton âme-sœur.

- Merci.

Je crus voir une larme coulé de ses joues mais je préférais ne faire aucune remarque à ce sujet.

- Parfait maintenant sors. Va à l'accueil, ils t'indiqueront ton nouveau poste.

Elle sortais de mon bureau complètement abattu.

Tu as joué, tu as perdu Célestine.

*****

Petit chapitre mais comme je l'ai dit au début la suite du chapitre arrive très prochainement même si je n'ai pas la date encore tête. En tout cas ça fait très longtemps que je voulais écrire la confrontation entre August et Célestine, pour le moment je suis plutôt satisfaite même si je pourrais être amener à rajouter des petits trucs par ci par là comme j'ai déjà pu le faire avant avec mes autres chapitres. J'espère que ça vous a plus et n'hésiter pas à laisser un commentaire ça fait toujours plaisir.

A bientôt.

Chapitre 20.2

Isaac

    J'entendais des voix, et surtout une qui m'était très familière. C'était la plus réconfortante mais en même temps la plus terrifiante de toute. Je ne voulais pas ouvrir les yeux car je savais que où j'étais. Je sentais sous mes pieds le froid significatif de ma cage, même sans les voir je ressentais la présence des barreaux. Ils me regardaient tous, j'étais le spectacle qu'ils avaient payé pour me voir tout ça à cause de mon pelage. C'était ma mère qui me l'avait donné mais je ne l'avais jamais connu. Elle était morte pour que je sois là. Je la détestait un peu car c'était de sa faute si j'étais albinos, mais en même temps je l'aimais car même si je ne la connaissais pas c'était ma mère. Au fond de moi je savais qu'elle n'aurait jamais laisser ces gens me faire tout ça.

    Pour le moment j'attends, car les spectateurs vont vouloir me voir de plus près. Je ne suis qu'une bête de foire qu'on admire mais aussi qu'on se moque à cause de ma piètre beauté. Je les entendais tout le temps dire que j'étais laid. Mon pelage n'était pas soyeux et certains endroits de ma peau en manquait, j'avais aussi plein de cicatrice. Ce n'était pas joli pour ces dames ; elles étaient déçu à chaque fois.

- Non mais regardez ce que vous nous montrez, il est horrible.

- Il est laid.

- Remboursez-nous !

- Une horreur...

- Comment osez-vous nous montrer cette chose !

Leur phrase tourne encore aujourd'hui en boucle dans ma tête.

Les hommes eux n'étaient pas d'accord. Certains voulaient me chasser pour ensuite m'exposer comme trophée, d'autres voulaient m'acheter pour m'exposer. Mais mes propriétaires ne voulaient jamais car je leur rapportait beaucoup trop pour qu'ils puissent se séparer de moi.

Même si les uns me critiquaient et l'autres voulaient ma peau, les gens venaient toujours me voir. Et personne ne me sauvaient.

Il a fallut qu'elle arrive. Elle m'a sauvé. Elle m'a tendu sa main rouge et je l'ai attrapé ce qui fait qu'aujourd'hui je partage son fardeau. Elle est ma sœur, celle à qui je dois tout, alors j'accepte.

Mais pourtant chaque fois je risque de la blesser pire de la tuer. En vrai je sais que c'est toujours moi qui risque de me faire tuer mais pour autant je ne pouvais m'empêcher de m'inquiéter que je fasse un jour du mal à quelqu'un même si je savais qu'elle m'arrêterais.

4 ans qu'elle m'a sauvé, qu'elle m'a sorti de ma cage. Et aujourd'hui j'ai tout gâché. J'ai révélé aux autres qui j'étais et je sais que ça met en danger Sasha. Je sais que par rapport à elle, ma souffrance fut minime. Elle a vécu l'enfer et en est ressorti avec en étant brisé comme un

miroir. Car Sasha ou Rassia qu'importe comment on l'appelle est un ange tombé du ciel qui nous a tous sauvé. Je l'aime. Elle est ma sœur. Je suis son frère.

Je voudrais tant qu'elle soit fière de moi, c'est pourquoi je m'entraine un peu chaque jour grâce à son âme-sœur à contrôler mon loup. Est-ce que j'allais y arriver ? J'en avais aucune idée mais je l'espérais. Ainsi ma sœur serait soulagé d'un poids énorme. Je voulais lui offrir la liberté qu'elle rêvait depuis si longtemps.

Parce qu'elle n'était pas libre. Elle ne l'avait jamais été en étant toujours ramené dans cette cave même si elle fuyait pour lui échapper.

Je savais qu'elle allait faire une connerie mais je voulais l'aider car elle m'avait tant aidé. Je voulais lui rendre l'appareil. Alors j'ai fait ce qu'elle m'a dit, j'ai récupérer ce qu'elle m'avait demandé dans la chambre de Mathilda et je lui avait donné. Pourquoi j'avais fait ça alors que je savais qu'elle allait révélé la partie la plus sombre et dangereuse d'elle à celui qu'elle aimait, tout ça pour une vengeance.

Elle voulait se venger; se venger de celui l'avait détruite qui lui avait tout pris. Il lui avait retiré sa lumière, elle en ferait de même.

J'avais simplement peur qu'elle oubli qu'elle avait réussi à se construire tout ce qu'elle avait toujours voulu : une famille. La dernière fois qu'elle avait fait ça, lui avait fallu presque un an pour reprendre la vie de Sasha.

Demain elle allait reprendre la vie de Rassia. Demain elle allait dévoiler au monde qui était réellement Rassia. Et il se peut qu'elle ne redevienne plus jamais Sasha.

*****

Très cour chapitre mais je voulais faire une sorte de teaser pour la suite et j'espère que vous avez des théories que j'ai hâte de lire dans les commentaires. Maintenant vous avez peut-être un plus d'indice de pourquoi Sasha avait dit à Isaac qu'elle s'appelait Rassia lorsque celui-ci avait sa crise. Et comme vous pouvez le remarquer l'histoire s'assombrit et la suite le sera encore plus. En tout cas j'espère que ce chapitre vous a plu.

A bientôt.

Chapitre 21

S asha

    - Ma chérie je te sens stresser.

- Parce que je le suis.

Comment ne pourrais-je pas être stresser ? Des dizaines d'Alpha et leur Luna viennent ce soir pour officiellement me rencontrer. August avait hâte de me dévoiler au reste du monde mais moi j'étais déjà pétrifiée à l'idée d'être sous le feu des projecteurs toute la soirée.

- Tu n'as besoin de l'être, tu as déjà été présenter à la meute comme Luna il y a trois mois. Depuis tu t'en ai très bien tiré d'autant que tu as déjà été à des réceptions chez d'autre meute.

- Oui mais là ils viennent tous pour moi. Pour me rencontrer, pour rencontrer la nouvelle Luna des Morton. Tu sais que je déteste être au centre de l'attention et encore plus s'il s'agit d'inconnu.

- Je le sais. Si j'avais pu je t'aurai évité cette soirée mais tu sais bien que je ne le peux pas. Mais dis toi que je serais là et que tu en as déjà rencontré certains.

Il me prit dans ses bras et nous fit tourner comme si nous dansions un slow.

- Je sais.

- En plus je dois t'avouer quelque chose.

- Quoi donc ?

Il prit mon menton pour m'obliger à le regarder dans ses yeux.

- J'aime d'exposer au yeux du monde pour que chacun sache que j'ai pour Luna la plus belle de toutes les femmes.

- Oh August...

J'entoura son cou de mes bras et l'embrassa tendrement.

- Et lorsqu'ils voient cette marque ils savent que tu es à moi.

Comme pour appuyer ses propos, il embrassa ma marqua dans le cou ce qui me fit frissonner.

- Et lorsqu'il voit la tienne, elles savent que tu es à moi.

Cette fois-ci c'était moi qui le fit frissonner en embrassant sa marque.

- Oui je suis à toi.

Qu'est-ce que j'aimais l'entendre dire, chaque fois ça calmait les mini doutes qui persistait à être profondément enfouit en moi. Inconsciemment je n'arrivais toujours pas à accepter qu'August m'aimait. Moi, la fille brisée qui lui mentait encore sur qui elle était vraiment, qui lui cachait un sombre secret. Ca me bouffait de l'intérieur de ne pas pouvoir lui dire. Mais je savais que ce soir il saurait tout et en quelque sorte ça me réconfortait même s'il allait sans doute m'en vouloir de le découvrir en même temps que le reste du monde. Peut-être que ça ne sera pas de la déception, et c'est même plus que probable qu'en réalité il ressente du dégout à mon égard. Car moi même je me dégoutais. Il fallait que je m'éloigne de lui avant qu'il ne comprenne quel monstre j'étais. Alors je m'extirpa de ses bras et prétexta une excuse pour qu'il ne sente pas tout la tristesse et inquiétude qui m'habitait à cet instant.

- Je vais aller voir si on a besoin de moi.

- Vous êtes ravissante comme toujours Sasha.

- Merci Cléo. Maintenant file te préparer.

Pour cette occasion j'avais revêtit une belle robe très luxueuse qui m'allait bien mais avec qui je ne me sentais pas à l'aise. J'avais cette sensation de nudité que je détestait car elle était très courte mais je n'avais pas le choix ; il fallait que je sois libre de mes mouvements ce soir.

Lorsque j'étais sûr d'être seule, je glissa sous ma robe ce que m'avait donné Isaac quelques heures plutôt à ma demande, et que j'avais caché en attendant dans un des tiroirs de mon bureau.

Soudain quelqu'un toqua à la porte et je savais pertinemment qui c'était, je m'empressa donc de remettre ma robe correctement.

- Tu es resplendissante ma chérie.

Mon homme venait d'entrer dans la chambre vêtu d'un magnifique costard à qui il avait ajouté les boutons de manchettes que je lui avais offert pour son anniversaire quelques temps plutôt.

- Tu l'es tout autant.

- Il est rare pour toi de porter une tenue qui dévoile tes jambes.

Vite il fallait que je trouve une excuse à peu près valable.

- J'aime cette robe. Je la trouve jolie.

J'espérais qu'il ne me pose pas plus de question et par chance c'est ce qu'il fit. Je crois bien que sinon j'aurai fini par tout lui dire.

- Et elle te le rends bien. Es-tu prête ?

J'aimerais tellement lui crier que non mais je ne le pouvais pas.

- Oui.

Je me regardais une dernière fois dans le miroir qui autrefois me faisait atrocement peur car il me renvoyait une image que je haïssais. Mais aujourd'hui grâce à August je commençais petit à petit à apprécier ce qu'il me renvoyait, d'autant que je faisais des efforts avec la nourriture.

- Je crois pourtant qu'il manque quelque chose.

Soudain je sentis sur mon cou du froid et en touchant je pus sentir qu'August venait de mettre un magnifique collier.

- August... je...

- Ne dis rien. Il te va parfaitement et toutes mes ancêtres l'ont porté le jour où elles se sont dévoilés comme la Luna Morton aux autres meutes. Je veux que tu le portes toi aussi. Il représente le trésor que tu représente au yeux de la meute. Le trésor que tu représente pour moi.

Je me retourna vers lui et déposa un doux baiser sur ses lèvres tout en cachant les larmes qui risquaient d'apparaître à chaque instant sachant que je ne le méritais pas.

- Merci.

Je savais intérieurement que je ne le remerciais pas uniquement pour ce collier mais pour tout ce qu'il avait pour moi jusqu'à maintenant. J'aurai souhaité à ce moment là pouvoir m'excuser sur ce qu'il allait se passer plus tard dans la soirée.

- Je suis heureuse de vous revoir, Sasha.

- Merci Jeanne. Je le suis aussi.

La soirée venait à peine de commencer que déjà les premiers invités arrivaient. Tandis qu'August s'occupait d'accueillir les Alphas moi j'accueillais les Luna. J'avais déjà eu l'occasion d'en rencontrer quelques une lors des différents évènement auquel j'avais assisté avec August. La plupart que j'avais rencontré seront présente ce soir et dans mes souvenirs elles avaient tous été gentille avec moi en tentant de me mettre à l'aise sachant que c'était très stressant dans ce milieu très fermé.

- J'espère que vous n'êtes pas trop stresser par cette soirée.

- Ne vous inquiéter pas, mon homme sait me rassurer.

- J'en suis heureuse pour vous.

Jeanne était une Luna depuis 30 déjà et avait réussi à conquérir le cœur de toutes les autres meutes grâce à sa bonté et bienveillance naturelle et je devais aussi avouer qu'elle m'avait déjà conquise aussi malgré que ce ne soit que n'autre troisième rencontre. J'aperçus du coin de l'œil que la porte venait de s'ouvrir ce qui voulait dire que des invités venaient d'arriver.

- Je dois vous laisser, d'autre invité viennent d'arriver.

- Oui bien sûr. J'espère que nous pourrons nous reparler plus tard.

- Je l'espère aussi.

Crois moi après cette soirée tu ne voudras plus t'approcher de moi.

Je rejoignis mon compagnon qui passa rapidement un bras dans mon dos et petit à petit j'oublia tout ce qu'il m'entourait.

- Tu as l'air d'apprécier Jeanne.

- C'est le cas.

- Alors sache qu'elle t'apprécie aussi.

J'en suis sûr plus pour très longtemps.

- Et comment le sais-tu ?

- Son mari Oscar me l'a dit.

- Ils sont mariés ?

- Oui. Tu as l'air étonné.

- Je ne savais pas que les âmes-sœurs se mariaient, je pensais que le lien suffisait.

- Le lien suffit à savoir qu'ils s'aiment mais le mariage permet de le dire au monde entier et d'en quelques sorte le rendre plus officiel. Et ensuite les Lunas sont toujours des humaines alors disons que c'est un acte qu'elles aiment beaucoup et dont elle rêve depuis toujours. Enfin ça c'est ce que ma mère m'a dit un jour et je dois t'avouer que je ne comprends pas pourquoi. Quand tu était petite tu ne rêvais pas de te marier avec un beau prince montant un cheval blanc ?

- August j'ai appris ce qu'était le mariage il y a à peine cinq ans.

- Oh pardon chéri, j'avais oublié que...

- Ce n'est pas grave. Et de toute façon même si j'avais rêvé épouser un prince aujourd'hui j'ai trouvé bien mieux.

- Je t'aime.

- Moi aussi.

Une voix surgi soudainement de nulle part nous faisant sursauter tous les deux.

- Ah August ça me fait plaisir de voir que tu l'as enfin trouvée.

- Léonard.

Oula August avait l'air très heureux de le revoir surtout après qu'il est interrompu notre petit moment à deux.

- Ne fait pas cette tête. Je suis désolé de vous avoir interrompus mais ma femme voulait rapidement rencontrer celle qui t'étais destiné.

Une jolie petite brune s'avança vers nous et me tendis une main que je serra immédiatement voulant éviter de créer un malaise entre nous.

- Emilia.

- Sasha.

- J'avais hâte de vous rencontrer c'est vrai mais veuillez excuser mon pauvre mari qui se comporte comme un bourrin même en public.

- Emilia !

- Enfin Léonard tu sais que ta femme a toujours raison.

- Toi aussi tu es contre moi August ? Maintenant que tu as trouvé ta femme tu devrais comprendre que les hommes doivent faire une coalition contre elles ! Peut-être que tu ne le sais pas encore mais elles sont machiavéliques d'autant plus quand elles sont plusieurs au même endroit.

- Il ne sait pas encore à quel point nous le sommes. Mais ne vous inquiétez pas Léonard je suis persuadée que dans très peu de temps il sera du même avis que vous.

- Jamais de la vie chérie.

August me rapprocha de lui et déposa un baiser sur le sommet de mon front.

- Léonard je suis désolé de te laisser mais avec Sasha nous avons d'autre invité à accueillir.

- Emilia j'ai été ravi de vous rencontrer.

- De même Sasha.

Nous étions passés à table et avec mes Dames nous avions privilégié de choisir une unique table qui pourrait accueillir l'ensemble des Alphas et leur Luna, c'était pour montrer qu'on les considérait à égalité avec nous. C'était une preuve de respect.

- Alors Sasha comment se sont passés vos début de Luna ?

J'avais eu la surprise d'être assise à côté d'Emilia et depuis nous sympathisions. J'avais apprise qu'elle était déjà maman d'un petit garçon de trois ans nommé James.

- Un peu chaotique au début je dirais. Mais aujourd'hui je crois mieux m'en sortir.

- Pardon de vous interrompe mais je crois que Sasha voulait dire qu'elle s'en sortait parfaitement.

- August... je ne...

Mon homme m'attrapa ma main et l'embrassa tendrement faisant s'envoler des milliers de papillon dans mon ventre.

- Ne te dévalorise pas chérie. Tu t'en sors très bien.

- Je suis si heureuse de te voir comme ça August.

Je retournais mon attention vers Emilia piqué par la curiosité.

- Vous vos connaissez depuis longtemps ?

- A peu près 10 ans. En faite depuis que je suis devenu la femme de Léonard. Ca m'attristait de voir que sa femelle ne se manifestait pas. Et il ne le vous a peut-être pas dit mais sachez qu'il vous attendait impatiemment depuis longtemps même s'il ne voulait pas se l'avouer.

- Mais aujourd'hui je suis là.

- Oui vous êtes là.

- Par pitié Emilia tutoyez moi.

- Laissez moi deviner vous n'arrivez pas à vous faire tutoyer par vos Dames ?

- Comment vous le savez ?

- Je suis dans le même cas, enfaite nous le sommes toutes. Depuis 10 ans que je suis arrivé elles ne m'ont pas tutoyé une seule fois malgré tous mes efforts. A force on s'habitue.

- A chaque fois qu'elles le font j'ai l'impression d'avoir 50 ans. Au moins j'ai réussi à ce qu'elles m'appellent Sasha et non plus madame.

- Je crois bien que c'est là seule chose qu'elles acceptent.

Nous rigolions toutes les deux de cette situation.

Le repas se déroulait à merveille, j'oubliais presque pourquoi j'avais du métal autour des cuisses qui me piquaient de temps en temps. Mais c'est alors que la porte s'ouvrit brusquement laissant entrer l'homme qui m'avait tout pris, qui m'avait détruite brisée physiquement et mentalement. L'homme a qui je vouais une haine dévastatrice. L'homme que j'attendais depuis le début de la soirée et qui s'est fait attendre

Marcus Gorvack, fils de Stanislas Gorvack.

*****

J'aimerais d'abord vous remercier car Tu m'appartiens à dépasser les 5000 vues il y a quelques jours et je vous en remercie. Je tiens à le dire tout de suite mais la suite de l'histoire va être beaucoup plus sombre. Vous allez découvrir une Sasha plus ténébreuse encore qui ne pense que par la haine qu'elle voue à Marcus et à la vengeance. Donc des passages seront peut-être un peu dure à lire c'est pourquoi je préfère le dire tout de suite. Pour le moment j'espère que ce chapitre vous a plu.

A bientôt

Chapitre 22

Je l'ai déjà dit à la fin du dernier chapitre mais celui-ci et les suivants peuvent être compliqué à lire pour certains à cause de ce que j'écris donc je préfère mettre en garde les plus sensible. Sinon bonne lecture

August

Je le sentais. Je savais qu'elle me cachait quelque chose mais jamais je n'aurais pu imaginer que c'était ça. Comment aurais-je pu deviner que ma femme était un monstre ?

Le jour d'avant

Bon sang on y était enfin. Les autres alpha pouvaient enfin rencontré officiellement Sasha. Pour le moment tout se passait à merveilles, tous avaient l'air conquis par ma femme. Et comment ne pas l'être ? Elle était resplendissante dans cette robe, j'avais été très étonné de voir qu'elle avait choisi une robe courte qui laissait voir ses jambes alors qu'elle préférait habituellement les cacher. Je crois que ce changement prouvais qu'elle allait de mieux en mieux comme le faite qu'elle mange petit à petit un plus. J'étais très fière d'elle quand elle m'avait annoncé suivre une thérapie pour son anorexie, bon elle n'utilisait pas encore ce therme mais c'était déjà un premier pas.

- Ta femme est splendide.

Si ça avait été quelqu'un d'autre que Léonard je lui aurais sans doute arraché la tête mais Léonard avait déjà son âme-sœur et je savais qu'il l'aimait plus que tout.

- Oui je sais.

- Je t'avoue que j'ai cru que tu serais le premier loup sans âme-sœur alors quand j'ai appris que tu l'avais enfin trouvé j'ai tout de suite était très heureux pour toi.

- Moi aussi j'ai cru que je ne la trouverais jamais mais finalement là voilà.

- Vous avez quand même une sacré différence d'âge.

- Ce n'est pas important et de toute façon je crois que c'est ce qu'avait besoin Sasha d'un âme-sœur âgé capable de la protéger et de la soutenir. Et elle a vécu bien plus de truc en 17 ans que nous deux réunis.

- Ca se voit.

Cette remarque m'intriguait énormément, a-t-il aperçus certaines cicatrices de Sasha ? Si oui je vous jure qu'il ne sera plus vivant dans quelques secondes. Qu'il ai une femme ou non ne change pas le fait qu'il a vu une partie du corps de ma compagne. Mon loup sortait déjà les dents.

- Comment ça ?

- Dans son regard il y a quelque chose. Je peux voir une grande fragilité mais en même temps j'aperçois quelque chose qui je te l'avoue me fait peur.

Ah bah tiens je m'y attendais pas à ça. Un alpha qui était effrayé par une humaine, c'était du jamais vu.

- Toi tu as peur d'une humaine ?

- Je te le dis August fait attention. Chaque loup ici présent est sur ses gardes même si nous le cachons ta femme effraie nos loup.

- Tu délires mon vieux.

- Ne ressens-tu pas par ton lien avec elle qu'il y a quelque chose d'étrange ?

Il était vrai que j'avais déjà ressenti des choses étranges à propos de Sasha par le lien entre nous mais de là avoir peur d'elle jamais. Mais Léonard venait d'éveiller en moi des doutes parce que depuis quelques jours quelque chose provenant de Sasha créait des frissons qui me parcourais tout mon corps.

Soudain la porte s'ouvrit brusquement laissant entrer un Alpha que j'avais rencontré que très rarement et dont je ne souvenais pas le nom.

- Pardonnez mon retard mais venir depuis l'est jusqu'ici m'a pris plus de temps que je ne le pensais.

Mon ventre se crispa tout d'un coup sans que je ne comprenne pourquoi alors que l'Alpha alla se placer juste en face de moi là où il restait encore une place vide. C'était très étrange qu'on lui ai attribuer cette chaise puisqu'il n'était pas des terres du nord. Sasha le savait parce que tout les autres invités avaient été placés au bon endroit alors pourquoi lui était-il là ?

Je me retourna vers Sasha mais lorsque je découvris son regard je compris de quoi avait peur Léonard.

Tout d'un coup c'était comme si tout devenait plus clair. Le comportement de Sasha depuis quelques jours datait du moment où elle avait découvert la liste des invités. L'homme qui venait d'entrer se nommait Marcus Gorvack et c'était l'homme qui l'avait gardé enchaîné dans une cave pendant des années et elle l'avait délibéré placer en face d'elle. Mais pourquoi ? En voyant son nom elle aurait du paniquer et vouloir fuir mais au lieu de ça elle souriait. En face Marcus avait le même sourire et le même regard. Savait-il qu'elle était ici avant ce soir ? Je ne comprenais rien comme l'ensemble de l'assemblée qui dévisageait Marcus et Sasha.

- Sasha ...

Soudain un couteau traversa la salle se plantant dans l'épaule de Marcus qui n'avait même pas eu le temps tenté d'esquiver.

Comment n'avais je pas compris plutôt que Sasha avait tout préparer depuis le début. Elle savait qu'il allait venir et avait minutieusement préparé sa vengeance.

Rassia

Il était là. Il était réellement venu. Et en plus il était en retard. Tout était parfait. Je n'avais plus qu'à le tuer et pour ça j'avais dix couteaux autour de mes cuisses ou plutôt neuf. Il fallait que j'arrive à recueillir les bonnes infos avec ces infos. Qu'il ne meurent pas trop tôt.

Je me leva doucement sous le regard paniqué des Luna alors que leur Alpha se sont tous mis en position de me protéger, ce qu'ils ne savaient pas c'est que si je voulais les tuer je pourrais le faire facilement. Je m'étais préparer des années à ce moment et personne ne pourrait ce mettre contre moi. J'avais grandi près des loups ce qui m'avait permis plus tard de comprendre comment les tuer. Ils étaient plus fort et plus rapide que les humains sauf à un moment, au dernier moment on pouvait être plus rapide. Quand les loups étaient assez proche de nous c'était le moment pour les blesser mortellement car ils attaquaient toujours la tête la première, il n'y avait qu'à attendre qu'ils soient assez proche et on n'avait que à leur asséner le coup fatale à la tête et alors leur corps était à vos pied.

- Aurais-tu appris à te battre Rassia ?

Je te retirais ce sourire et il sera remplacer par tes cris.

- Effectivement. Et je les fais uniquement pour ce jour.

Je contournais chaque invité pour me diriger vers ce monstre.

- Cherches-tu la vengeance ?

- Pensais-tu réellement que je ne le ferais jamais.

- Non puisque tu as fui comme une lâche.

Je serrais les poings tellement fort que j'étais sûr que j'en aurais des cicatrices plus tard. Qu'importe il fallait que je garde le contrôle de moi. Pour elle.

- Une lâche ? C'est ce que j'étais à tes yeux ?

- Comment te nommer autrement.

Le sang commençait à couler de mes mains tellement j'enfonçais mes ongles dans mes paumes pour garder le contrôle mais je sentais qu'il m'échappais petit à petit au profit de la rage.

- Tu pense sérieusement que je devrais vouloir rester toute ma vie dans une cave !

- Tu n'avais pas besoin de penser. Tu n'étais là que pour me servir.

- Je ne suis pas ton esclave !

- Bien sûr que tu es mon esclave, mon père t'a acheté et à sa mort il est logique que tu me reviennes.

- Tu es fou.

- Peux-tu arrêter de te donner en spectacle ? Je n'ai même pas eu le temps de manger.

C'était donc un spectacle à ses yeux ? J'espérais qu'au moins il savait que c'était une tragédie dans laquelle un de nous deux n'allait pas voir la fin.

- Tu n'en as besoin.

- Je vois que tu as retenu la leçon.

Il souriait ! Il continuait de sourire !

Je le hais ! Je le hais !

- Où est-elle ?

- De qui parles-tu ?

- Ne fais pas l'innocent ! Où est ma fille ?

J'étais maintenant assez proche de lui pour sentir son odeur nauséabonde.

- Oh tu te souviens de son existence ?

- Je ne l'ai jamais oubliée!

- Tu es pourtant parti sans elle !

- Je l'ai fait parce que j'ai cru que tu l'avais tué !

- Et qui te dis que ce n'est pas le cas !

- Parce que je me suis souvenue d'une chose. Les enfants bâtards de l'Alpha sont offerts à la meute comme esclave.

- Et alors nous aurions pu très bien la tuer plus tard.

- Non je sais que vous ne l'avez fait car vous n'avez jamais pris de nouvelle esclave pour la remplacer. Et si vous l'aviez fait je n'aurais pas eu besoin d'attendre aussi longtemps pour aller la chercher.

- Alors ainsi tu ne sais pas où se trouve la meute.

- Quand j'y suis retournée vous aviez disparut. Je n'ai jamais réussi à vous retrouver.

- Et tu penses que même si je te dis où elle est, tu vas pouvoir la sortir de la meute sans être repérer alors que tu pue l'odeur d'un autre ?

- Qui a dit que je n'attaquerais pas ta meute ?

- Toi contre toute une meute ? A moins que tu n'envoie ta meute à la guerre ? Non je ne pense vu la tête que fais ton Alpha je crois pas qu'il sache ce que tu avais en tête.

- Je n'ai pas besoin de lui pour détruire ta meute. Ca ne sera pas la première que j'abas.

- Quoi ?

- Tu ne le sais pas. Il y a quelques années des meutes se faisaient massacrer et bien c'était moi. Après avoir vécu auprès des loups toute ma vie en ayant peur d'eux j'ai appris leur faiblesse.

Enfin je voyais la peur dans ses yeux. Enfin il perdait son sourire. Alors qu'il tenta de se lever je lui planta deux couteaux dans chaque main leur forçant à se rassoir dans un cri de douleur. Je savais parfaitement où le toucher pour le faire hurler de douleur. Est-ce que c'était un son agréable à mes oreilles.

- Enlève les !

- Non. Ils vont rester là jusqu'à que tu me dise où est ta meute.

Je retourna face à moi le siège sur lequel il était maintenant piégé. Enfin il était à ma merci.

- Rassia ! Enlève les !

- Où est ma fille !

- Je ne te dirais rien !

Il me cracha au visage.

- Vois-tu Marcus grâce à toi j'ai appris où il fallait viser pour faire le plus mal.

Je pris un autre couteau et commença doucement à lui tailler profondément la joue. Cette fois-ci c'était moi qui souriais.

- Où se cache ta meute ?

- A l'est !

- Il faut être plus précis Marcus.

Je lui entailla l'autre joue.

- Je ne te dirais rien.

- Et moi je crois que si.

Marcus était face à moi enfin à ma merci. J'oubliais tout ce qu'il nous entourait, j'étais de retour dans cette cave même nos rôles étaient inversés. C'était moi le bourreau et lui la victime.

- Non tu n'auras rien de moi. Autant me tuer tout de suite !

- Mais ne t'inquiète pas c'est ce qu'il va se passer mais avant tu vas me dire où se terre ta meute.

Je pris en main l'un des couteaux enfoncés dans son poignet et commença à le faire tourner comme il me l'avait fait autrefois. J'arrivais à entendre la lame racler contre son os.

- Alors Marcus ?

- Salope !

J'arracha le couteau et lui planta dans sa cuisse.

- Putain ! Tu vas crever salope !

Je lui mis un coup de poing tellement fort que je sentis qu'une de ses dents se cassa. Il la recracha à mes pieds. C'était tellement libérateur que je me mis à le rouer de coup jusqu'à ce qu'il cracha du sang.

- Vas-tu enfin me dire où ils sont ?

- Non !

Il était bien plus coriace que prévu mais qu'importe je connaissais d'autre technique toutes plus douloureuses que les autres que je me ferais un plaisir de lui faire subir.

Je pris un nouveau couteau et lui ouvrit sa chemise.

- Si tu me dis pas où est ma fille je te jure que je vais t'ouvrir le bide comme ton cher médecin l'avait fait avec moi !

Je le vis déglutir mais il ne dis toujours rien sur leur position. Alors j'enfonça la lame et déchiqueta petit à petit sa chair.

- Ah !

- Où sont-ils ?

- Au nord de la forêt d'Arem.

- Tu vois quand tu veux.

Je souriais de ma victoire. Je brandis un nouveau couteau.

- Je t'ai dis où ils sont alors qu'est-ce que tu fais ?

- J'ai besoin de quelque chose pour avoir le temps de m'approcher suffisamment des meutes.

Dans un nouveau cri je lui arracha sa main.

- Ah !

Il était à bout de souffle.

Pathétique.

- Tu n'es pas très résistant finalement. Moi je n'avais pas le droit de pleurer ou de crier.

- Tu veux des excuses ?

- Je n'en ai besoin. Il ne me manque plus qu'une chose.

Il blêmit ne sachant pas à quoi s'attendre et je savourais sachant que c'était la dernière fois où je pouvais voir aussi faible.

- Quoi ?

Je lui trancha la gorge sans la moindre once d'hésitation.

- Ta mort.

C'était si libérateur de voir son corps sans vie se vider de son sang. J'étais enfin libéré de lui. Mais pour ça j'avais du libérer le monstre.

*****

Mon dieu ça été dur de l'écrire. J'avais hésité à diriger l'histoire dans ce sens me disant que ça n'allait pas avec Sasha mais finalement je crois que celle présente dans cette scène n'est pas Sasha mais Rassia. Je crois qu'elles sont deux personnages bien distinctes et c'est pourquoi j'ai pas mit le nom de Sasha mais celui de Rassia. Je pense que Rassia a besoin de ça pour se libérer même si qu'on se le dise il y avait d'autres manières de faire. Je crois que c'était la fin idéal pour ce personnage présent que dans ce chapitre qui a pourtant fais beaucoup de mal à Sasha. (J'avoue avoir pris un peu de plaisir à faire souffrir ce conn**d de Marcus.) Je pense que quand Rassia aura fini sa vendetta, Sasha pourra enfin être elle aussi libre. Mais ça c'est si elles survivent car comme vous l'avez sans doute compris, Rassia va se diriger vers la meute de Marcus pour retrouver sa fille. A votre avis est-ce qu'elle y arrivera ? Est-ce que Saraphine est toujours vivante ? Peut-être que finalement Rassia ne sera peut-être pas aussi libre qu'elle le pense après massacré ces loups ? N'hésiter pas à laisser un commentaire pour me dire votre avis.

A bientôt.

Chapitre 23

August

Je ne l'avais pas reconnu. Elle n'était plus la Sasha que je connaissais. Je n'avais même plus eu accès à son esprit ; c'était comme si elle était une autre personne. Heureusement que mes bêtas avaient eu le sang froid nécessaire pour faire évacuer la salle avant l'horreur, car moi j'avais été complètement perdu et je l'étais encore même après qu'elle soit parti en moto. Ce qu'elle avait fait été d'une cruauté sans nom et le pire c'était qu'elle avait sourit tout du long de la torture qu'elle lui avait infligé, j'avais même l'impression qu'entendre ses cris lui procurait du plaisir. Je pouvais comprendre qu'elle le haïsse mais de là à assouvir sa vengeance en public je n'y arrivais. Elle l'avait tué et n'avait éprouvé aucun remord. On aurait dit que voir la mort ne lui infligeait rien ; elle n'avais pas hésité une seule seconde à égorger un homme, à à le torturer, à lui couper une main. Heureusement que j'avais été le seul à assister à ce massacre.

- August qu'est-ce qu'on fait ?

Jacob me fit sortir de mes pensées.

- J'en sais rien.

- Tu n'avais pas senti qu'elle préparait... ça ?

Je mis debout. Il fallait que je reprenne ma place d'Alpha, ma femme comme ma meute avait besoin de moi.

- Absolument pas. Je n'ai rien ressenti à part peut-être qu'elle était troublée mais je mettais ça sur le compte du stress de la soirée.

- Pour le moment il faut gérer la merde qu'elle a laissé.

- Bruler le corp de ce batard. Renseignez un minimum les autres Alphas et rassurez sur le fait qu'elle n'est pas un danger pour eux. S'ils ne vous croient pas je leur expliquerais un peu plus la situation. Surtout restez vague sur le passé de Sasha, elle n'aimerait pas que vous divulguez ses secrets à toutes les meutes du continent.

- Et toi que vas-tu faire ?

- La suivre.

Je me dirigea vers le garage et pris les clés d'une berline noire renforcé pour résister aux tirs de lance roquette. On ne l'utilisait absolument jamais mais aujourd'hui je sentais que j'allais en avoir besoin.

- Vas-tu l'arrêter ?

- Non sauf si elle est en danger.

- Tu sais ce qu'elle va faire ?

Je l'avais compris des l'instants où elle en avait eu fini avec ce connard de Marcus.

- Elle va détruire la meute Gorvack.

- A elle seule ? Mais c'est de la folie !

- Te souviens tu qu'il y a quelques années des meutes de l'est se sont fait massacré sans que personne ne puisse intervenir ?

- Oui bien sûr pendant longtemps la meute était sur ces gardes mais les meurtriers n'ont jamais approché l'ouest du continent ils se sont contentés de quelques meutes de l'est.

- C'était Sasha. C'est elle qui a massacré les meutes ; c'est là bas qu'elle a trouvé les enfants qui sont devenu ses frères et sœurs. Je ne sais pas comment mais elle a réussi à trouver le moyen de tuer les loups.

Bon sang même moi je n'arrivais toujours pas à y croire depuis qu'elle l'avait avoué. Dire que j'avais cru depuis le début qu'elle était faible et avait besoin que je la protège alors qu'en réalité elle aurait pu me tuer à n'importe quel moment si elle l'avait souhaité. Je suis heureux d'être son âme-sœur et non son ennemi. Au moins je savais qu'elle ne s'en prendrais jamais à la meute.

- Putain...

- Veille à ce que les autres ne le sachent pas sinon j'ai peur qu'ils veuillent s'en prendre à elle. Si jamais on ne revient pas, tu t'occuperas avec River de la meute jusqu'à ce qu'un nouvel Alpha apparaisse.

J'en revenais pas que je venais d'avouer à mon beta que je ne savais pas on si reviendrait vivant, car si l'un de nous meurt l'autre se laissera sans doute mourir.

- August je ne peux pas...

- C'est un ordre Jacob. Je ne sais pas comment vont se dérouler les choses là bas, je ne sais pas si nous reviendront.

- Je te jure de protéger la meute.

J'avais une confiance aveugle envers Jacob et River, je savais qu'ils ne me décevraient pas. Ils n'étaient pas mes betas pour rien ; je ne faisais jamais rien au hasard sauf en ce qui me concernait le choix de ma compagne. Je n'avais pas choisi Sasha mais pourtant malgré tout ce que je venais de découvrir je savais au fond de moi qu'elle n'était pas responsable de ses actes et qu'en quelque sorte ce n'était pas elle. Et de toute façon, je l'aimais tellement que même si elle avait été pleinement conscience ça ne m'aurait pas empêcher de la prendre dans mes bras chaque soir pour l'empêcher de faire des cauchemars.

- Je compte sur toi.

Je mis en marche le moteur de la voiture ne sachant pas vers quoi je me dirigeais mais je savais que ma femme avait besoin de moi. Je reculerais devant rien pour elle. Et maintenant j'avais la conviction qu'elle aussi.

*****

Cours chapitre je sais mais j'espère qu'il vous a plu. Je voulais vous dire qu'on approche de la fin et je vous avoue que cela m'attriste. Je suis actuellement entrain de préparer une nouvelle histoire qui n'a absolument rien à voir avec cette histoire et qui n'est pas du tout du même style mais je vous en reparlerais prochainement. N'hésitez pas à laisser un commentaire !

A bientôt.

Chapitre 24

----

3 ans plus tard

August

Bon sang je ne suis pas prêt du tout. Comment je vais faire pour lui annoncer ? Je ne sais pas comment elle va réagir.

Depuis cette fameuse soirée beaucoup de chose s'étaient passés. Je ne savais pas vraiment comment nous avions fait mais nous étions revenus vivant ou à peu près intact. Après avoir quitter Jacob j'étais parti à la poursuite de Sasha. Je ne l'avais rattraper qu'au moment où elle avait débuté l'attaque envers la meute, je m'étais mis à l'abri attends de voir si elle avait besoin de moi mais à aucun moment elle ne fut en difficulté. C'était comme si elle dansait, j'étais fasciné en la regardant et je savais que c'était mal mais je n'avais pu détourner mon regard d'elle. Elle les avait massacré si aisément, on aurait dit qu'elle avait fait ça toute sa vie. Elle était recouverte de sang mais cela n'avait l'aire de guère de la gêner. En la regardant j'avais compris comment elle faisait pour tuer plusieurs loups malgré qu'elle soit humaine. Elle savait qu'elle était moins forte et plus lente que nous, c'était pourquoi elle se laissait suffisamment approcher parce qu'à la dernière seconde nous devenons moins rapide qu'elle ; à cause de notre taille au dernier moment déplacer notre corps nous prends plus de temps et elle en profitait pour nous donner le coup fatal. Cependant elle n'avait pas le droit à l'erreur au risque de se retrouver broyer sous nos dents, elle ne pouvait pas se laisser déconcentrer une seule seconde. Sinon cette technique était très efficace.

Une fois qu'elle fut assurer que tous les loups de la meute furent mort et disparut quelques minutes pendant lesquels je n'avais pas osé bougé. J'avais attendu là puis elle était réapparu une enfant dans les bras en pleure suivi par une autre dizaine de femme toutes habillés par des bouts de tissu assemblé en robe. J'avais très vite compris que l'enfant était Saraphine sa fille. J'étais sorti de ma cachette apeurant toutes les femmes sauf la mienne qui me reconnu immédiatement, en me voyant elle compris que j'étais au courant de tout, j'avais eu à peine le temps de la rattraper avant qu'elle ne touche le sol.

Flashback

- August...

Mon nom n'était qu'un murmure, elle était complètement épuisée. Je sentais à peine son es

- Je suis là ma belle.

Je lui caressais doucement les cheveux faisant bien attention à ne pas réveiller la petite endormi dans les bras de sa mère. Je n'arrivais toujours pas à croire qu'elle était mère d'une petite fille, heureusement Saraphine ressemblait à elle et non à l'autre parce que sinon je crains qu'elle aurait fini par haïr sa propre fille.

- Qu'est-ce que j'ai fait ?

Qu'est-ce que peux répondre ? Tu as massacré une meute, torturé un homme ? Non impossible elle serait brisée.

- Tu as simplement sauvé ta fille.

- Comment ?

Je savais qu'elle ne posait pas la question de comment elle avait fait pour sauver Saraphine mais plutôt de comment je connaissais son existence.

- Tu parles dans ton sommeil ma douce.

- Alors depuis le début tu savais.

Je sentais qu'elle était au bord de s'évanouir alors il fallait que je me dépêche de la rassurer pour éviter une crise pendant son sommeil.

- Je ne savais pas que tu étais capable de tant de chose.

- Je suis un monstre.

Mon dieu ça me brisait le coeur de savoir qu'elle se considérait ainsi, plus que quand c'était moi qu'elle avait traité ainsi.

- Jamais. Tu viens de sauver tellement de vie et tu en as déjà tant sauvé auparavant. Rappel toi de tes frères et sœur c'est toi qui les as sauvés.

- Oui.

- Dors maintenant je te ramène à la maison.

Il ne lui en fallut pas plus pour qu'elle s'en dorme dans mes bras. Je me releva avec ma femme et sa fille dans mes bras les ramenant à la voiture qui était heureusement de plusieurs places. Je les y installa tout en douceur en m'assurant que si Sasha se réveillait elle puisse voir immédiatement sa fille et ainsi éviter qu'elle ne panique inutilement. Il fallait que je règle quelques petits trucs ici avant d'enfin pouvoir rentrer.

Fin Flashback

Après que je les ai installées, j'étais retourné voir les femmes que Sasha venait de libérer pour m'assurer de leur silence, tout en veillant sur elle à chacun instant par le lien. Elles n'avaient pas été très compliqué à convaincre ; je leur avais demandé de se charger de brûler tous les corps pour s'assurer qu'il n'en resterait plus aucune trace puis leur avait ordonné de rien dire ce qu'il s'était passé. Ensuite je me suis occupé de trouver tous les documents qui concernaient Sasha et Saraphine pour que personne ne puisse remonter à elles. Enfin je promis aux femmes que le territoire était maintenant à elles et que tous les biens de la meute serait à elles. Après m'être assurer de leur silence je pus tranquillement rentré à la maison.

Quand nous fument rentrer chacun fut surpris de découvrir dans mes bras non seulement Sasha mais aussi une petite fille mais j'empêcha de rentrer dans ma tête grâce au lien pour découvrir l'enfant. Aujourd'hui encore j'empêche quiconque de s'approcher de cette partie de mon esprit ; la seule chose qui savent c'est qu'elle est la fille biologique de ma femme et ma fille adoptive, pour le reste je leur laisse imaginer ce qu'ils veulent ni ne confirmant ni ne réfutant chacune de leur hypothèse. Personne ne sait exactement ce qu'il s'est passé et c'était beaucoup mieux ainsi.

Lorsque nous sommes rentrés ma femme n'était plus vraiment la même. C'était comme si elle avait abandonné son corps, elle était complètement vide. Je fus contrains d'accepter qu'elle soit transférer en psychiatrie quelques temps ; elle y resta quelques mois. Finalement on compris qu'elle était atteinte d'une sorte de trouve dissociative de la personne, soit qu'elle avait deux personnalités Sasha et Rassia. C'était Rassia qui était capable d'une telle tuerie et qu'après avoir pu échapper à Marcus elle ne se manifestait plus que lorsqu'elle et Sasha étaient en danger ou par vengeance comme lors de cette fameuse soirée. Donc les médecins m'avaient simplement dit qu'il fallait attendre que Sasha revienne petit à petit à elle. Mathilda m'a confirmer qu'à chaque fois c'était la même chose, il fallait simplement être patient. En attendant je m'étais occupé des conséquences sur nos relations avec les autres meutes, il nous fallu du temps pour qu'ils s'acceptent de nous faire à nouveau confiance et encore maintenant certains sont réticents mais petit à petit nous arrivons à leur prouver qu'ils n'ont rien à craindre de ma femme.

En même j'ai appris à faire connaissance avec Saraphine qui était une magnifique petite fille qui n'avait pas l'air d'être trop marqué par les premières années de sa vie. Pendant que sa mère se remettait, moi j'étais devenu un père pour elle et j'en étais très fière même si ma propre mère m'avait moulte reproche puisque Saraphine était humaine mais à chaque fois je l'ai remis à sa place lui rappelant que pour moi elle était ma fille. Depuis mes relations avec ma mère s'étaient un peu dégradées même si elles avaient toujours compliqué.

Il a fallu du temps à Sasha pour se remettre de tout ça et surtout d'accepter qu'elle avait abandonnée sa fille et je crois qu'encore aujourd'hui elle avait du mal à se pardonner mais avec le temps j'étais persuadé elle allait y arriver. Je souviens encore du jour où elle est sorti de l'hôpital sans prévenir, à ce moment je jouais avec Saraphine dans le jardin. Je lui avais mis un bandeau et elle devait me trouver puis ma femme est apparu et j'ai su qu'elle était de retour. J'ai dirigé la petite vers elle et elle l'a immédiatement reconnu et quand elle l'avait appelée maman, Sasha avait fondu en larme. Le lendemain elle était de retour à la maison pour le bonheur de toute la meute. J'ai retrouvé ma femme et la meute sa Luna avec le temps ; il nous a fallu du temps mais nous l'avons retrouvé.

Maintenant il me restait plus qu'à lui annoncer une nouvelle qui je l'espère la comblera de bonheur.

*****

J'espère que ce chapitre vous a plu. J'ai finalement décidé de ne pas écrire directement les évènement du massacre de la meute Gorvack voulant me concentrer sur le principal à savoir le secours de Saraphine et le guérissage de Sasha. Promis le prochain chapitre sera un peu plus descriptif et uniquement concentré sur notre héroïne. Petit théorie sur ce que va annoncer August ? Bon en vrai je pense que la réponse sera très facile à trouver. Et si vous demander la petit fille sur l'image est Saraphine à l'âge de cinq ans.

A bientôt.

Chapitre 25

S asha

Trois dures années c'étaient écoulé depuis que j'avais pu retrouver ma petite fille qui avait d'ailleurs bien grandit. Elle était devenue une magnifique enfant qui par chance n'avait presque aucun souvenir de sa vie dans la meute Gorvack. Je n'avais pas vraiment de la nuit où je l'ai sauvé comme à chaque fois que je laisse la place à Rassia ; je fus assez choqué quand August m'avait avoué qu'il était au courant depuis longtemps de la naissance de Saraphine mais je lui avais sauté dessus lorsqu'il m'appris que pour elle peut lui importait de savoir qui était son géniteur car Saraphine était pour lui sa fille. Il m'avait demandé l'autorisation de l'adopter et j'avais accepter sur le champ ; je ne voulais pas qu'elle porte le nom Gorvack. Aujourd'hui elle était Saraphine Anna Morton même si elle était humaine, et grâce à sa position d'Alpha August a facilement se procurer un faux certificat de naissance qui certifiait que Saraphine était ma fille mais qu'on ignorait qui était son père biologique. Depuis cette soirée nous n'avons plus jamais parlé de Marcus sauf qu'en je voulais savoir ce qu'il avait fait de lui, August m'a simplement dit que là où il était il ne poserait jamais plus aucun problème.

Après notre retour, j'avais passé quelques mois en hôpital psychiatrique et je devais avouer que cela m'avais fait beaucoup de bien. Aujourd'hui je me sentais apaisé et prête à faire face à l'avenir auprès de l'homme que j'aime. Il a accepté tous mes défauts comme j'ai accepté les siens. Nous sommes amoureux et uni, nous avons confiance l'un dans l'autre ; je ne pourrais pas être plus combler.

Ce soir, mon chéri m'avait préparé une surprise pour fêter nous premier anniversaire de mariage qui avait fait de moi sa femme. Ce fut une magnifique cérémonie, je me souviendrais toujours de son regard quand il m'avait découverte dans ma robe de marié. Face à lui je m'étais senti elle et aimée.

En m'avançant vers lui je savais avoir fait le bon choix en acceptant de l'épouser, je n'avais plus aucun doute. Il était l'homme que j'aimais, l'homme de ma vie ; il n'y aurait plus que lui. Et j'étais fière d'être son âme-sœur et celle qu'il avait choisi.

Alors ce soir je voulais retrouver le même éclat dans ses yeux. Ce soir j'allais être la plus femme pour lui et pour cela j'avais demandé l'aide de mes Dames qui avait choisi pour moi la plus belle des robes c'était d'ailleurs qui choisissaient toujours mes tenues pour les sorties officiels. J'avais à trouver mes marques en tant que Luna et accomplir tous mes devoirs mais il fallait le dire j'étais complètement à l'ouest lorsqu'il fallait que je m'habille. Mais je faisais confiance à mes Dames pour toujours trouver la tenue parfaite et encore aujourd'hui elle ne m'avait pas déçu. La robe choisi était tout simplement divine. Elle allait parfaitement avec mes cheveux et mes yeux.

- Vous êtes sublimes Sasha.

- Merci Dahlia.

- L'Alpha t'attends Sasha.

Au bout de trois ans j'avais enfin réussi à faire plier mes Dames qui enfin me tutoyaient sauf en publique. Seul Dahlia résistait mais je m'étais habituée. Je m'étais énormément rapproché d'April et Cléo qui étaient devenu de véritables amies. Dahlia était plutôt une sage conseillère que j'appréciais pour son calme constent. Avec Elisa nous n'étions pas particulièrement proche sans pour autant qu'il y est de l'animosité, nous avions trouvé un équilibre. D'ailleurs je pensais à la libérer de ses taches de Dames, je crois qu'elle serait beaucoup plus heureuse si elle pouvait travailler à l'école ; elle rêve de devenir institutrice. Il faudrait que j'en parle avec August et Dahlia, d'autant que je n'avais plus vraiment besoin de son aide.

- Sasha Isaac aimerait rentrer.

Mon petit Isaac avait bien grandit en trois ans. Il était devenu un beau jeune homme qui ne mettait de l'auto-bronzant pour cacher ses gênes albinos. Il était devenu serein et laissait aujourd'hui sortir sa personnalité sans aucune crainte. Il était taquin, joueur et adorait l'ironie. Malgré tout il avait décidé de plus se transformer en loup, il préférait être un humain qui avait quand même un lien avec une meute. Il avait même trouver son âme-sœur il y a quelques mois et cela l'avait rendu encore plus épanoui. Il était fou amoureux de la petite Kayla, la soeur de Cléo. Ca avait été très rapide pour qu'ils se trouvent étant donné qu'ils vivaient qu'à trois maisons de l'autre. Mais Isaac avait décidé de faire les choses biens, c'est-à-dire selon lui à la manière des humains. Au début il ne faisait que l'invité à des rendez-vous et passait du temps avec elle sans qu'il n'y a rien de plus. Puis petit à petit ils sont tombés amoureux alors il lui a demandé à sortir avec. Ce jour là je me souviens qu'il était très stresser doutant de sa réaction alors que tout la meute savait que Kayla n'attendait que ça depuis le début, mais elle avait compris qu'Isaac était plus humain qu'autre chose. Il avait grandi par les humains et avait vécu avec eux tellement longtemps qu'aujourd'hui la seule chose qui lui rappelait qu'il était un loup c'était son lien avec la meute. S'il ne l'avait pas encore marqué c'était parce qu'il avait très peur des conséquences sur son équilibre mentale qu'il avait eu beaucoup de mal à construire. La peur l'empêchait d'avancer dans sa relation avec son âme-sœur, mais depuis quelques temps il avait repris ses longues discussions avec August. Selon mon mari il ne faudrait pas longtemps pour qu'ils franchissent le cap, en plus maintenant il avait le soutien de Kayla qui malgré son âge arrivait à faire preuve d'une grande maturité et réussissait à trouver les mots juste comme August avec moi.

- Alors sœurette déjà un an.

- Le temps passe si vite.

- Et il passera encore plus vite après.

Lui il est la confidence, c'est certain.

- Je crois que je peux dire sans méfiance que tu sais ce que me prépare August.

- Chérie je suis désolé de te dire que l'ensemble de la meute est au courant de chacun de vos fait et geste.

- J'oubliais. Aucune intimité.

Parfois ils oubliaient que je n'avais pas accès à leur lien et que donc quand ils se parlaient pas dans les pensées je n'avais aucun moyen de le savoir ou alors ils ou plutôt Isaac et August se faisaient un malin plaisir à me faire tourner en bourrique.

- Je sais.

Au moins je n'étais pas la seule à avoir du mal avec et ça devais être encore plus dure pour lui.

- Bref... prête c'est moi qui t'emmène auprès de ton prince charmant.

- Je vous suis mon preux chevalier.

- Allez princesse.

Isaac me mit un bandeau et me guida à travers la maison. Je compris qu'il m'amenait vers la forêt.

- Profite sœurette.

Il m'enleva le bandeau et parti. Il me fallut quelques secondes pour m'habituer à l'obscurité quand soudain plein de petit lampe s'alluma et je pus distinguer une magnifique table dresser à l'endroit même où s'était dit oui.

Et il était là, il m'attendait.

- Tu es si belle.

- Je ne peux pas dire que tu ne l'es pas non plus. Tu es resplendissant dans ce costume. Ce n'est pas celui de notre mariage ?

- Exact. Je me suis dis qu'aujourd'hui était la parfaite occasion pour le ressortir.

Je me dirigea et déposa un tendre baiser sur ses lèvres, puis m'assis sur la place qu'il me désignait. Je remarquais qu'il n'était pas très à l'aise.

- Quelque chose ne va pas ?

- Pourquoi penses-tu ça ?

- Tu m'as l'air inquiet et même tende.

- Une petite broutille.

- Veux tu m'en parler ?

- Pas maintenant, profitons d'abord de ce repas.

Tout était parfait. Nous discutions tranquillement, le sourire aux lèvres qui n'avait d'ailleurs quitter aucun de nous deux depuis le début de la soirée. Le seul bémol était le stress d'August qui ne faisait qu'à croitre même s'il tentait en vain de le cacher.

- August pitié dis moi ce qui ne vas pas. Je te sens tendu et stresser mais je ne sais pas pourquoi.

- Je ne sais pas vraiment comment te le dire. Je cherche mes mots.

- C'est grave ?

- Non... enfin je ne crois pas.

Bon sang le voir galérer pour me dire ce qui se passait me foutais une trouille monstrueuse. C'était bien la première que je regrettais de ne pas être une louve pour pouvoir lire ses pensées.

- August... tu me fais peur.

Il attrapa ma main et y déposa ses lèvres.

- Tu n'as à avoir peur car je serais toujours là.

Je n'étais plus simplement anxieuse, je commençais à m'énerver de le voir tourner au tour du pot.

- Peux-tu enfin me dire ce qu'il se passe ?

Le ton de ma voix trahissait mon agacement mais August ne semblait guère s'en soucier.

- Ma chérie...

Je me levais d'un coup ne supportant plus qu'il soit aussi vague.

- Mais enfin ça suffit ! Accouche bon sang !

Il souriait. Cet abruti souriait. J'avais horreur quand il faisait ça ; j'enrageais et lui souriait.

- Et maintenant tu souris ? Je te jure que si tu ne dépêche pas de me dire ce qu'il se passe tu couches sur le canapé ce soir !

- Tu es enceinte, Sasha. Voilà ce qu'il se passe.

Je n'y croyais pas mes oreilles. J'étais enceinte. Cette annonce fit disparaitre immédiatement ma colère laissant place à une sorte de vide d'émotion. Je ne ressentais rien. Sous le choque je m'étais assis sans m'en rendre compte.

- Sasha dis quelque chose.

- Je suis enceinte ?

- Oui ma belle.

- Comment peux-tu en être si sûr ?

- C'est parce que j'entends son petit cœur battre dans ton ventre.

Je ne savais pas trop comment réagir à cette nouvelle. En réalité, d'un côté j'étais très heureuse de porter l'enfant qui témoigne de notre amour, mais en même temps j'étais terrifiée de vivre à nouveau une grossesse me souvenant parfaitement de l'horreur que fut celle de Saraphine ainsi que l'accouchement. A l'époque je m'étais juré de ne jamais revivre une telle chose mais voilà que j'étais à nouveau enceinte. Je n'étais pas bête, je savais qu'August souhait être père comme toute la meute mais il me semblait qu'il avait toujours fait attention sachant que je n'était pas prête.

- Ma chérie je sais que nous n'en n'avons jamais vraiment parlé. Mais...

- August je ne sais pas quoi dire actuellement parce que je ne sais pas pas quoi penser. Je ne suis pas prête à...

- A être mère ? Mais tu l'ai déjà avec Saraphine et je t'assure que tu remplis ce rôle à merveille.

- Ce n'est pas ça. C'est la grossesse, l'accouchement ; je ne suis pas sûr vouloir revivre tout ça.

- Je comprends tes réticences mais Sasha je serais avec toi tout le long de la grossesse et tu auras les meilleurs médecins pour te suivre et d'aider à accoucher.

- Je ne peux pas August. Je refuse de vivre ça !

L'accouchement de Saraphine faisait parti intégrante de mes cauchemars.

- Sasha tu penses bien qu'il faut un futur Alpha pour la meute.

- Je le sais mais je ne peux pas. Je n'en suis pas capable.

- Alors quoi ? Tu veux avorter ?

- Oui...

Ma voix n'était qu'un chuchotement mais je savais parfaitement qu'il l'avait entendu.

- C'est impossible Sasha. Je comprends que cela sera une épreuve pour toi mais nous la surmonteront ensemble comme nous l'avons toujours fait.

Il me prit dans ses bras mais je le repoussa immédiatement.

- Non tu ne comprends pas ! Tu n'étais pas là ! Tu ne sais pas à quel point ce fut horrible ! Cette nuit fut si... si...

Il me prit à nouveau dans ses bras et cette fois-ci je n'avais la force de le repousser.

- August...

- Je suis là.

- J'ai eu tellement mal... J'étais toute seule et il faisait noir... Je hurlais mais personne ne venait... J'avais si froid et tellement mal !

Je ne pouvais pas retenir mes larmes, le souvenir était beaucoup trop douloureux. Je pouvais encore me souvenir de la sensation du sang qui coulait de mes cuisses.

- Et puis elle criait... Je n'arrivais pas pas à l'arrêter... Ils me l'ont prise si vite... Je n'ai eu que le temps de dire son nom...

- Oh ma chérie...

August

J'étais complètement perdu.

Après la crise de Sasha je l'avais ramené dans notre chambre pour qu'elle puisse se reposer car elle était complètement. Je me doutais que Sasha aurait une réaction mitigé et qu'elle ne sauterait pas de joie mais je n'ai pas pensé à un seul instant qu'elle ne voulait pas avoir un enfant ou plutôt être enceinte au point de vouloir avorter. J'étais partagé entre mon besoin de la protéger et de veiller sur elle et mon devoir envers la meute de lui donner un futur chef. J'avais déjà 30 ans et l'envie d'être père était très présente d'autant que je voyais que les personnes autour de moi formaient tous petit à petit leur famille me donnant envie de faire de même ; c'était peut-être aussi pourquoi j'avais inconsciemment oublier une fois de mettre une protection d'en un désir caché d'avoir un enfant. Par mon erreur j'avais mis Sasha au pied du mur alors que nous n'avions jamais encore parlé d'avoir des enfants en plus de Saraphine. Mon désir égoïste venait de mettre en péril ma relation avec Sasha et la stabilité que nous avions trouvé.

Merde elle n'a que 20 ans ! Bien sûr qu'elle ne veut pas devenir mère !

Je savais ce que je devais faire pour son bien mais je ne pouvais m'y résoudre. J'entendais encore les cris de joie de la meute lorsqu'ils avaient eux aussi entendu les battements de cœur. Putain cela faisait deux semaines que j'entendais chaque seconde son cœur battre ; je n'avais pas encore vu mon enfant que je l'aimais déjà comme un fou.

Soudain la porte d'entrée s'ouvrit et je n'avais pas besoin de me retourner ou de mon odorat pour savoir qui venait en plein milieu de la nuit.

- Mathilda.

- August je ne suis pas surprise de vous trouvez debout en plein milieu de la nuit un verre de whisky à la main.

- Et moi je ne suis pas surpris de vous voir.

Depuis que je l'avais installée elle et les enfants dans une maison de la meute, Mathilda venait me voir à chaque fois que je rencontrais un problème avec Sasha. Au fond de moi je savais que sans elle je n'en serais pas là avec ma femme, elle l'a connait mieux que moi à mon grand désarroi car elle est la seule à connaître le passé de Sasha dans son intégralité même moi je ne sais que des bribes. Mathilda est la seule à connaître toutes ses peurs ainsi que ses pensées les plus noires et cela mettait bien utile mais cette nuit je n'avais besoin de ça. Je voulais simplement me noyé dans l'alcool.

- Je ne comprends pas comment vous avez pu croire qu'elle était prête à être à nouveau enceinte.

Mathilda avait le don de toujours remuer le couteau dans la plaie, de trouver les faiblesses de chacun et de les lui balancer à la figure.

- Ce n'est pas le moment. Je sais que j'ai merdé alors évitez la leçon de morale.

- Qu'allez-vous faire ?

- Je n'en ai aucune idée. Elle veut avorter mais je ne peux pas...

- Bien sûr qu'elle veut avorter elle est terrorisé par la grossesse et l'accouchement !

- Comment je pouvais le savoir !

- Utilisez votre cervelles pour une fois mon petit. Vous pensez que pour l'accouchement de Saraphine, Marcus l'a laissée aller à l'hôpital ?

- Non, mais...

- Cette nuit fut terrible pour elle. Je me souviens encore des cris qu'elle poussait.

- Elle m'a dit avoir été toute seule.

- Mais elle l'a été ! Je n'ai eu le droit d'aller l'aider malgré que toute la meute entende ses hurlements de douleur.

- Je ne peux pas la laisser avorter.

- August j'espère que pour le bien de Sasha vous la laisserez faire le choix de garder ou non l'enfant. Ce choix ne revient qu'à elle seule.

- J'ai aussi mon mot à dire ! Je suis le père !

- Oui et celui qui l'a mis enceinte sans son accord ! Ne me prenez par pour une idiote vous rêvez d'être père !

- Certes mais je ne l'ai pas mis enceinte consciemment ! Merde ce n'est pas vous qu'y entendez les battements de cœur notre enfant à chaque seconde ! Comment pourrais-je accepter un être que j'aime du plus profond de moi alors que je ne l'ai encore jamais vu !

- August pitié par amour pour Sasha laissez lui le choix. Sinon je vous assure que aurez guère gagner un enfant mais aurez perdu votre femme. Et cet enfant ne connaîtra jamais l'amour de sa mère. Elle le rejettera August si vous l'obligez d'accoucher comme elle rejette inconsciemment Saraphine. Vous devez bien le voir non ! Qu'elle hésite à chaque d'aller vers elle ? Qu'elle se force à la prendre dans ses bras ? En Saraphine elle ne voit que le malheur même la petite le ressens.

J'étais encore plus paumé. J'étais tiraillé dans un terrible dilemme qui se résumait à devoir choisir entre mon amour pour Sasha et celui pour mon enfant.

*****

J'espère tout d'abord que vous allez bien et que vous passez de bonne fête. Ensuite je tenais à m'excuser pour cette longue absence mais je dois vous avouer que j'étais indécise sur la suite de l'histoire et que je ne savais donc pas quoi écrire. Mais comme vous pouvez le voir j'ai retrouvé un fil conducteur et je me suis décidé à rallonger l'histoire de Tu m'appartiens d'encore quelques chapitres certainement 3 ou 4. En attendant n'hésitez pas à laisser votre avis dans les commentaires.

A bientôt.

Chapitre 26

S asha
  Je suis enceinte. Je suis enceinte.

C'est trois mots tournaient en boucle dans ma tête. Je n'arrivais pas à le croire. Je me doutais qu'un jour il faudrait que j'en discute avec August mais je ne pensais pas que ce serait devant le fait accompli et tout de suite. Je ne suis pas prête à revivre une grossesse et à nouveau accoucher. Je me souviens de la douleur que ce fut celui de Saraphine. Je ne veux pas revivre ça. Mais en même temps je ressens une immense joie à l'idée de porter l'être témoignant par son unique existence de notre amour. Je m'étais déjà poser la question de ce que ressemblerait un enfant de moi et August mais à vrai dire en imaginant la réponse dans ma tête nous avions tous quelques années de plus.

Pour résumer la situation j'étais complètement perdu et habituellement la seule personne qui arrivait à chasser toutes mes inquiétudes était mon homme et il est actuellement aussi paumé que moi et peut-être même plus. Je sentais par le lien que mon homme ne savait pas quoi faire. Lui aussi était face à un dilemme. J'avais trop de question en tête pour dormir, et même si nous ne pouvions pas pour le moment prendre une décision, je savais que rien que la présence de l'un serait pour l'autre serait réconfortante dans une moindre mesure.

Je descendis donc les escaliers en silence pour ne pas réveiller Saraphine qui s'était révélée avoir le sommeil plutôt fragile. En arrivant au salon je me stoppa en entendant la voix de mon chéri et de ma mère.

- Certes mais je ne l'ai pas mis enceinte consciemment ! Merde ce n'est pas vous qu'y entendez les battements de cœur notre enfant à chaque seconde ! Comment pourrais-je accepter un être que j'aime du plus profond de moi alors que je ne l'ai encore jamais vu !

Mathilda dut lui répondre mais je n'entendais rien. Seule m'importait la souffrance d'August qu'il tentait de dissimiler mais qui était trahi par le son de sa voix. Instinctivement je mis mes mains sur mon ventre là où grandissait ce petit être déjà tant aimer. Soudain le son de la chaise et de pas me fit prendre conscience que Mathilda partait et sans réfléchir je me cacha derrière le meuble, je ne pense pas la connaissant qu'elle aurait voulu que j'entende cette conversation. Après que ma mère fut parti je me risqua à me rendre dans le salon. August était assis dans le fauteuil près de la cheminée l'air complètement abattu, la tête entre ses mains et un verre vide sur l'accoudoir sans doute rempli auparavant d'alcool.

- August ?

Ma voix lui fit immédiatement relevé la tête.

- Sasha ?

Je me précipita sur lui et ne lui laissa pas le temps de réfléchir qu'en même temps que je m'asseyais sur lui je l'embrassai passionnément. Lorsqu'il a prononcé j'ai pu entrevoir à quel point il était désemparé, et ça je ne le supportais pas. Il ne lui fallut pas longtemps pour répondre à mon baiser et c'était à regret et à bout de souffle qu'on se détacha l'un de l'autre.

- Tu as entendu ma conversation avec ta mère ?

- Pas vraiment.

- Tu as entendu ce qu'elle a dit ?

- Non.

Vu son expression soulagé je compris que j'aurais peut-être du faire plus attention à ce qu'avait dit ma mère.

- Tu devrais te reposer.

- Je ne pouvais pas dormir sans toi.

Alors qu'il embrassa mon front j'entremêla nos mains.

- Viens je vais rester auprès de toi.

Je fus très heureuse que malgré notre désaccord il se préoccupait encore de moi.

- Non je veux discuter de tout ça avec toi mais calmement. On va tous les deux s'expliquer sur ses raisons sans que l'autre ne le coupe puis on verra se qu'on fait.

- Parfois ma chérie j'ai l'impression que tu es la plus veille de nous deux.

- C'est parce que je suis plus mature que toi.

Il ria doucement et rien que ça délia un peu le nœud qui s'était formé dans mon ventre depuis l'annonce de mon état.

- Alors à toi de commencer ma belle. Montre moi toute ta sagesse.

J'inspira et expira un grand coup pour me donner du courage tandis que je sentais par le lien que mon chéri tentait d'envoyer du courage.

- L'accouchement et la grossesse en général de Saraphine fut un véritable enfer. On était en plein hiver et j'avais d'affreuse douleur non seulement à cause des contractions mais aussi des différentes blessures que m'infligeait Marcus pour se défouler ; que je sois enceinte n'avait absolument pas changer son comportement, je crois qu'à l'époque j'avais eu un bras cassé parce que les récoltes de la région avait été mauvaise et qu'il n'y avait pas grand chose à manger et que j'avais osez demandé un peu plus qu'un seul bout de pain par jour. Je ne veux pas t'en dire t'avantage car je ne veux à avoir à repenser plus que nécessaire à cette période. Puis ensuite je n'ai pas élever Sara, quand on l'a retrouvé elle était déjà âgé. Je ne sais pas si je serais capable de m'occuper d'un bébé et de son éducation.

Il embrassa à nouveau le front car il savait que c'était un geste que j'affectionnais particulièrement et qui me rassurait à chaque fois, cela permettait les battements de mon cœur.

- Oh ma chérie...

- Je ne veux aucune pitié et tu le sais August. Maintenant à toi.

- Je vais commencer par le plus évident Sasha. Je t'aime et savoir qu'on va bientôt avoir un enfant me comble de bonheur. Ensuite cet enfant je l'aime depuis la seconde où j'ai pu entendre son premier battement de cœur. Je comprends parfaitement tes craintes par rapport à la grossesse mais je veux que tu saches que je serais la près de toi à te soutenir et que je compte bien veiller à ta santé avant tout. Concernant tes craintes à savoir si tu serais une bonne mère, je t'assure que tous les parents se posent la même question à un moment donné. Et pour te rassurer je t'assure que tu t'en sors très bien avec Sara comme avec tes frères et sœurs. Rappel toi d'Emily quand je t'ai rencontré elle n'avait pas un an et c'est toi qui t'occupait d'elle comme tu t'es très bien occupé des autres petits monstres qui te servent de frères et sœurs. Alors est-ce que j'étais convaincant ?

Je ria de bon cœur. Décidément on ne changerait pas August Morton. A nouveau en quelques mots il avait su calmé mes doutes et mes peurs.

- Peut-être...

Je le voyais sourire immédiatement.

- Il est vrai que ce que tu as dit était plutôt intelligente mais je ne sais pas trop encore quoi faire.

Il soupira.

- Comprends moi August. Ce matin encore je ne savais pas que j'étais enceinte ! Laisse moi le temps de m'y faire !

- Penses-tu toujours à avorter ?

- Oui mais parce que c'est une option que je ne veux pas écarter. Pour Saraphine je n'ai eu le choix. Je me suis retrouvé enceinte à 13 ans et est du accoucher dans une cave pour qu'ensuite on m'arrache des bras mon bébé. A l'époque pour le bien de Saraphine et le mien j'aurais avorté mais je n'ai pas eu cette possibilité. Aujourd'hui maintenant que j'ai le choix je veux pouvoir prendre une décision que je ne regretterais pas parce que j'aurai pu choisir en prenant tous les facteur en compte.

- Je peux le comprendre.

J'étais tellement soulagée qu'il accepte au moins de laisser réfléchir.

- Merci...

- Maintenant qu'on discuté je crois qu'il est temps pour nous d'aller nous coucher.

En même que ses paroles il se leva en soulevant par la même occasion et commença à prendre la direction de notre chambre.

- Je peux marcher toute seule !

- Je sais mais j'adore te porter, ça me rappelle notre première véritable rencontre.

- Tu ne considère pas le lycée comme notre première rencontre ?

- Certainement pas ! D'un je n'ai pas pu te parler et ensuite je n'avais pas pu voir te yeux alors que c'est ce qui apparaissait le plus clairement dans mes rêves.

- Donc pour toi quel est notre première rencontre ?

- Quand tu as couru dans la foret après avoir entendu le hurlement de mon loup.

- Ce jour là on ne sait même pas parler !

- Alors quel est pour toi notre première rencontre ?

- Le lycée évidemment c'est la première fois que je t'ai vu dans ta forme humaine et même si je ne voulais pas me l'avouer je t'avais trouvé très beau et je fus très vite attiré par toi.

- Alors comme ça je suis beau ?

- Ne fais pas l'innocent.

On était arrivé dans la chambre et il m'avais doucement déposé sur le lit tandis qu'il le contourna pour ensuite venir s'allonger auprès de moi et me prendre dans ses bras. Et encore une fois je m'endormis calmement et ma nuit ne fut pas parsemé de cauchemar.

*****

Je m'excuse pour la longue attente alors que j'avais dis sortir le chapitre au début de la semaine dernière je le sors que maintenant. En tout cas j'espère qu'il vous a plu et n'hésitez pas à laisser votre avis dans les commentaires.

A bientôt.

Chapitre 27

- -

S asha

Il fait si froid. Mon ventre me fait si mal. Pourquoi est-ce que ça m'arrive à moi ? Je n'ai jamais rien fait pour mériter ça. Ce n'est pas ma faute si ma mère était une junkie ; on choisit pas ses parents. En plus elle m'a vendue a des gens qui eux ont aussi m'ont vendue.

Je ne sais pas depuis combien de temps mais mon ventre n'arrête pas de grossir, je crois que je suis enceinte mais je sais pas va arriver le bébé. Sa dure combien de temps une grossesse ? Je crois ça dure une année parce que ont déjà en hiver parce que je suis tombée enceinte à la fin de l'hiver dernier. J'espère qu'elle va bientôt sortir parce que mon ventre est déjà très gros et il fait de plus en plus mal. C'est comme s'il se resserrait autour du bébé. Je me demande ce qu'il va être : un garçon ou une fille ? J'aimerais une fille parce que les garçons ils font peur et sont méchants. De toute façon Marcus a dit que mon bébé il sera offert à quelqu'un de la meute. Mais au moins je vais avoir le droit de lui choisir un prénom. J'arrête pas d'y réfléchir et si c'est une fille elle va s'appeler Saraphine parce que c'est le prénom du seul livre que j'ai lu ; elle me ressemble un peu. Comme moi elle est pauvre et sa tante était une prostituée et aussi elle a envie de voir dehors ; j'aimerais bien voir la mer on m'a dit que c'était jolie. Alors si c'est une fille ça sera Saraphine. Par contre si c'est un garçon il s'appellera Sasha parce que je souviens qu'un jour j'ai pu voir un épisode d'un dessin animé et le personnage principal il s'appelait Sasha et il avait un copain jaune qui lançait des éclairs. J'aimerais bien pouvoir lancé des éclairs ça doit être cool.

- Aie !

Mon ventre il serre encore. Ca fait tellement mal. J'ai l'impression d'avoir mon ventre qui serre plus souvent. J'ai peur, j'aimerais à avoir quelqu'un à côté sauf Marcus parce que lui il est méchant, il me tape tout le temps et le pire c'est quand il me touche j'aime pas ça fait trop mal.

Je crois que je sens quelque chose qui coule. C'est bizarre ça vient d'en bas mais pourtant j'avais pas envie d'aller au toilette.

- Ah !

J'ai mal ! C'est horrible ! Qu'est-ce qui se passe ! Pourquoi je saigne ? Marcus m'a pas fait mal aujourd'hui ni hier ! Je comprends pas ! Je veux que quelqu'un vienne mais Marcus ne veut pas que je crie ça le dérange. J'ai tellement mal...

- Ah !

- Chut Sasha tout va bien, je suis là.

- August ?

- C'est moi chérie.

Ce n'étais qu'un cauchemar, un simple cauchemar mais qui pourtant a bien eu lien un jour dans ma vie.

- Encore un cauchemar... tu en fais beaucoup plus ces temps-ci. Je sais que le terme approche mais je te jure que tout va bien se passer.

Il devait surement faire référence à mon ventre arrondit dû à ma grossesse de déjà 8 mois. Finalement j'ai décidé de garder cet enfant, parce que non seulement August l'aimait mais je me suis rendu en compte au bout de quelques jours que moi aussi je l'aimais. Et puis mon chéri a me convaincre en m'assurant qu'il serait toujours auprès de moi et que je ne serais pas seul pendant l'accouchement. J'ai confiance en mon homme mais c'est plus fort que moi à l'approche du terme je n'arrive plus à empêcher le stress de prendre le dessus. Même si la journée j'arrive à le cacher tant bien que mal, la nuit c'est autre chose, je ne contrôle plus mes peurs. Alors depuis deux semaines je recommence à faire d'intenses cauchemars chaque nuit, la plus part du temps c'était toujours la même chose : je revivais la nuit de l'accouchement. Mais ce soir ce n'était pas l'accouchement que j'avais revécu mais les minutes qui l'avaient précédé.

- Toujours le même ?

- Pas exactement...

- Comment ça ?

- Je n'ai pas revécu l'accouchement mais les instants d'avant. Je me suis souvenue de certaine chose comme le faite de pourquoi j'avais ma fille Saraphine.

- Tu veux me le dire.

- C'était le nom du personnage principal du seul livre que j'ai pu lire là bas. Ah et aussi pourquoi j'ai choisi le prénom de Sasha quand il fallu m'inventer une identité.

- Et alors ?

- J'ai honte... je crois que ça vient de Pokémon... Un jour chez les trafiquants j'ai pu regarder un épisode de dessin animé et c'était Pokémon. Quand j'étais enceinte de Saraphine j'ai réfléchi au prénom du bébé et j'en ai envisagé plusieurs et j'avais décidé de prendre les prénoms tirés des plus beau moment de ma vie de l'époque. Le jour où j'ai pu regarder la télé et celui où j'ai pu lire ; à l'époque j'avais eu l'impression à ces moments là que j'étais une petite fille normal.

- Donc tu es entrain de me dire que si Saraphine avait été un garçon tu l'aurais appelé Sasha ?

- Exactement.

- Je suis content qu'elle soit une fille parce que je dois t'avouer que je trouve Sasha te va très bien.

- En parlant de prénom...

- Sasha je t'ai déjà dit que dans notre meute il y avait la tradition que la mère choisissent le prénom de l'enfant et je veux la respecter. Je ne saurais le prénom de notre enfant que quand il sera né.

- Et si le prénom que je choisis ne te plait pas ?

- Il n'y aucune raison que je ne l'aime pas.

- Et j'imagine que tu ne veux toujours pas me dire le sexe du bébé.

- Ca sera la surprise.

- Je crois qu'il est injuste que tu le sache et pas moi.

- Mais ça m'a permit de te préparer une belle chambre.

- Que je n'ai toujours pas vu.

- C'est une surprise ma belle.

- Ouch...

- Le bébé se réveille ?

- Je crois qu'il a décidé de refaire la décoration.

- Viens là.

A chaque fois que le bébé s'agitait un peu trop la seule façon de la calmer c'était qu'August me prenne dans ses bras et je n'allais certainement pas m'en plaindre étant donné que ça me rassurait également.

- Détends toi ma chérie sinon le bébé s'agitera sous l'effet de ton stress.

- Je n'y peux rien August.

- Je te jure que rien ne va t'arriver c'est Charlie et June qui vont s'occuper de ton accouchement. Je leur fais confiance.

- C'est à toi que je fais confiance. Tu es celui à qui je fais le plus confiance avec ma mère.

- Il aurait été étonnant qu'elle ne soit pas inclus.

- Serais-tu jaloux ?

- De ta mère ? Bien sûr que non !

Finalement ce lien entre nous avait quand même des bons côtés, je pouvais sentir quand il me mentait.

1 semaine plus tard

Nous étions tous réunis dans la forêt pour fêter la venue du printemps. C'était une fête annuel que j'affectionnais beaucoup mais qui aujourd'hui me donnait plus l'impression de vivre un calvaire. Le bébé se faisait lourd et cela faisait déjà deux heures que j'étais debout avoir pu un seul instant m'assoir, en plus il avait à nouveau décidé de refaire la décoration et pour le moment August était trop occupé pour pouvoir venir nous calmer.

Surement que l'oreiller n'était pas bien installé...

- Vous allez bien Luna ? Vous avez le teint un peu pâle.

La voix de la louve à côté de moi me ramenait au présent ce qui veux dire que j'étais parti dans mes pensées devant une dizaine de louves dont cette peste de Célestine.

- Ne vous inquiétez pas, j'ai juste besoin de m'assoir car la grossesse me fatigue.

- Bien sûr Luna. C'est tout à fait compréhensible.

Au moins la grossesse me donnait une bonne raison d'échapper à leur conversation des plus déprimantes sur l'avortement. Sujet qui fut bien entendu initié par Célestine qui voulait me mettre à l'aise car bien sûr toute la meute avait appris que j'avais envisagé d'avorter.

- Si vous voulez bien m'excuser.

Alors que je me dirigeais vers les sièges je pus facilement entendre les paroles moqueurs de Célestine sur ma santé fragile d'humaine. Finalement notre petite entrevue ne lui avait cloué le bec que quelques jours avant qu'elle ne reprenne vite contenance et ne redevenait une sale vipère.

Soudain mon ventre me fit tellement mal que j'en lâcha mon verre. En un instant je compris que ce qui me faisait le plus peur dans la grossesse était sur le point d'arriver. Et si je n'avais eu que des doutes ils auraient été vite chassé en sentant du liquide s'écouler entre mes jambes.

- Chérie tout va bien ?

Qu'est-ce qu'il peut être idiot parfois !

- Je crois que c'est l'heure.

- L'heure de quoi ?

Enfaite il est pas idiot mais complètement con !

- Je crois que le bébé a décidé qu'aujourd'hui était le bon jour pour arriver.

- Tu es sérieuse ?

- Non c'est une blague chéri... bien sûr que je suis sérieuse ! Tu crois que je n'ai que ça à faire de faire des blagues ! Ah !

Les contradictions s'étaient beaucoup rapprochés et étaient affreusement douloureuses.

- Mon petit reprenez vous bon sang !

Heureusement qu'elle était là sinon j'aurais pu commencer à accoucher devant toute la meute avant que quelqu'un ne réagisse.

- Euh... oui bien sûr.

Comme s'il avait enfin pris conscience de ce qu'il se passait, August se précipita vers moi et me pris dans ses bras en me soulevant mais malheureusement aucun miracle ne se produisit et la douleur était toujours bien présente.

- Ca va aller Sasha tout va bien se passer. Jacob occupe toi de gérer la meute et si ta femme Tara voudrait s'occuper de Saraphine.

- Bien sûr Alpha.

Quelques heures plus tard

Un fils. J'avais mis au monde un magnifique petit garçon qui avait mes yeux. L'accouchement fut dur mais moins pire que celui de Saraphine grâce à la présence d'August qui ne m'avais pas quitter une seule seconde. Il avait su trouver les bons mots au bon moment pour me rassurer et donner du courage. Et maintenant j'avais dans mes bras mon petit garçon. Même s'il était âgé que d'une petite heure je savais qu'il ressemblait beaucoup à son père surtout au niveau des cheveux puisque le noir n'était pas ma couleur naturelle mais au moins il avait hérité de mes yeux bleus.

- Il est magnifique. Il te ressemble beaucoup.

August n'avait pas pu détacher une seule seconde ses yeux de notre enfant. Je pouvais voir toute son émotion rien que dans ses yeux.

- Je pense que c'est plutôt le contraire.

- Il a tes yeux et c'est la plus belle chose que je n'ai jamais vu.

De petites larmes coulaient sur mon visage à cause de l'émotion.

- Ne pleure pas ma chérie.

- C'est juste que c'est beaucoup d'émotion.

- Je sais ma belle. Je le ressens.

Mon petit garçon dormait si paisiblement dans mes bras.

- Il serait peut-être temps de me dire quand s'appelle mon fils.

- Ezra, il s'appelle Ezra. Enfin si tu veux ?

Depuis une semaine je m'étais persuadé que si c'était un garçon il s'appellerait Ezra et si c'était une fille j'avais décidé qu'elle s'appellerait Annie. Cependant je venais de penser qu'il ne serait peut-être pas d'accord.

- Ezra... c'est magnifique bien sûr que je suis d'accord.

Un immense soulagement se répandit en moi.

- Je crois ma belle que quelqu'un voudrait bien rencontré son petit frère.

Jacob et sa femme venait d'apparaitre dans l'embrasure de la porte avec derrière eux ma petite princesse timide.

- Approche Sara.

August l'invita à s'approcher de nous en lui tendant la main. Depuis qu'elle était venue vivre avec nous August et moi étions les seuls à pouvoir la toucher. Mathilda et les bêtas d'August pouvaient l'approcher et elle leur parlait mais leur interdisait de la toucher et pour le reste de la meute c'était à peine si elle les regardait. Selon June il va lui falloir du temps pour totalement avoir confiance en la meute étant donné qu'elle était une enfant humaine parmi un groupe de loup mais moi je savais que c'est parce qu'elle avait peur d'eux. Mais comme moi elle apprendra à reconnaitre les personnes en qui elle peut avoir confiance.

- Ma puce je te présente ton petit frère.

- Comment il s'appelle ?

- Ezra.

- C'est beau.

- Jacob tu peux prévenir la meute qu'elle accueillait aujourd'hui un nouveau louveteau du nom de Ezra.

Après avoir remis le bout de chou dans sa couveuse tout en étant observer scrupuleusement par Saraphine.

- La meute n'étais pas au courant pourtant avec le lien j'aurais pensé qu'ils l'auraient appris à l'instant.

- J'ai fait en sorte de couper le lien entre nous et la meute pendant l'accouchement ainsi qu'entre eux et June et Charlie. Je voulais que ce moment ne soit qu'à nous.

- Merci.

Il me déposa un doux baiser sur le front.

- Je vais nous couper un peu d'eux encore quelques instants avant d'être obligé de le réactiver.

- Je comprends.

- Tu vas rester à l'hôpital jusqu'à demain soir et si tout va bien on pourra rentrer à la maison.

- Tu restes cette nuit ?

- Bien sûr il est hors de question que je te laisse seul. Par contre je pense qu'il faudrait mieux confier Sara à quelqu'un.

- Tu as raison. J'imagine que Ma et les monstres vont passer nous voir alors je pense la lui confier.

- D'accord et tu as raison ils sont tous entrain d'attendre derrière la porte. Je peux t'assurer qu'ils sont tous très exciter.

Tu m'étonnes.

- Laisse les entrer.

A peine avais je dis cette phrase qu'Isaac entra en compagnie de la tornade appelé Jessica.

- Enfin j'ai cru qu'on allait finir par dormir dans ce couloir !

- Jessica ne parle pas trop fort, tu vas le réveiller.

- Pardon. Alors où est-ce bébé ?

- Juste là.

Saraphine ayant senti Jessica approcher se décala de façon à pouvoir toujours observer son petit frère sans être trop proche de ma folle de sœur.

- C'est un garçon ! Il est trop mignon.

- Félicitation Sasha.

- Merci Ma.

- Comment il s'appelle ?

Toute la tribu était rentrée dans la chambre qui devint d'un coup trop petite. Je vis du coin de l'œil Saraphine se tendre ; finalement il faudrait peut-être mieux qu'elle dorme chez Jacob et Tara. Tous n'attendais qu'une chose, savoir le nom de leur neveu.

- Ezra.

- C'est bizarre comme prénom.

- Ethan ! On ne dit pas ce genre de chose. Ne l'écoute pas Sasha il est magnifique ce prénom.

Malgré ses trois années de plus, ce petit garçon de maintenant sept ans avait toujours cette fâcheuse tendance a dire tout ce qui lui traversait l'esprit mais avant que je ne puisse dire quoique ce soit Isaac le reprenne

- Merci Isaac mais Ethan a le droit de dire ce qu'il pense mais par contre tu dois faire attention de comment tu le dis.

- D'accord.

Beaucoup trop craquant.

J'espérais intérieurement qu'Ezra sera pareil quand il sera plus grand, j'imagine que j'ai en moi la peur que mon fils devienne comme Marcus.

- Bon les enfants je pense qu'il va falloir qu'on rentre il est tard et votre sœur a besoin de se reposer. Nous reviendrons demain.

Les petits monstres râlèrent tous en même temps mais le ton catégorique de Ma les empêcha de poursuivre leur jérémiade.

- Mathilda est-ce que vous...

Je lui attrapa la main et d'un regard je lui signala que j'avais changé d'avis.

- En fait rien.

Après que le troupeau soit sorti, August se retourna attendant sans doute que je lui explique mon changement d'avis.

- Je crois que Saraphine serait plus sereine chez Jacob et Tara pour la nuit.

Il vu immédiatement que Sara était devenu tendu depuis qu'on avait eu la visite des monstres.

- Ah je vois. Je vais leur demander si ça ne le dérange pas.

- Merci.

Le lendemain

- Je suis contente de pouvoir enfin sortir de l'hôpital.

- Tu n'y es resté qu'une journée.

- Exact mais tu sais que je n'aime pas l'hôpital.

- Je sais ma belle mais Ezra avait des examens à faire.

- Je sais.

Mon petit garçon était un beau bébé en pleine forme et il nous l'avait fait savoir dès la première nuit, heureusement que les infirmières se sont occupés de lui cette nuit car l'accouchement m'avait tellement épuisé que je n'avais pas pu me lever et puis on s'est rendu compte qu'August aurait besoin à l'avenir de petits cours de nurserie. Il fut tout bonnement incapable de changer une couche.

- Prête à voir la chambre ?

- Je suis impatiente.

Il ouvrit doucement la porte de la chambre d'Ezra et je pus sentir une touche d'appréhension par le lien. Il devait être anxieux de ma réaction.

- Mon dieu August elle est magnifique.

- Tu trouves ?

- Bien sûr ! Elle est incroyable.

- J'avais peur qu'elle ne te plaise pas.

- Comment veux tu qu'elle ne me plaise pas alors qu'elle est magnifique.

- J'en suis heureux.

Je déposa Ezra dans son lit et je fus soulagé qu'il ne se réveille pas. Nous sortions doucement en faisant bien attention à ne pas réveiller ni le petit ni la petite.

- Comment s'est passé la nuit de Sara chez Jacob et Tara ?

- D'après Tara pas trop mal même si elle a fait un cauchemar et qu'elle a eu un peu de mal à la calmer sans la toucher.

- Je vais aller la voir. La connaissant elle doit fixer le plafond en s'empêchant de dormir pour éviter de faire de nouveau un cauchemar.

- D'accord je t'attend en bas pour manger.

Je me dirigea doucement vers la chambre de Sara qui était juste à coté de celle d'Ezra. J'avais veiller personnellement à la décoration il y a trois ans en imaginant d'après mes propres souvenirs ce que désirait une petite fille. Et je crois qu'elle lui avait plutôt plu.

J'entra doucement dans la chambre si par hasard elle dormait mais comme je m'y attendais elle fixait le plafond.

- Maman ?

- Ne t'inquiète pas ce n'est que moi.

Je m'approcha du lit et m'y agenouilla.

- Où est papa ?

- Il est en bas. J'ai cru comprendre que tu avais fait un cauchemar.

- Oui avec le méchant monsieur.

- Tu sais que cette personne ne peut plus te faire de mal.

- Oui mais il me fait toujours peur.

- Tu sais ce que je fais quand moi aussi je me rappelle d'un méchant monsieur ?

- Non.

- Je pense aux personnes que j'aime le plus au monde.

- C'est qui ?

Je savais que par cette question elle voulait s'assurer que je l'aime mais je sentis dans ma gorge comme une gêne à lui répondre parce que dès que je repensais à Marcus c'était parce que je la regardais.

- Mon mari bien sûr,... toi ma chérie et maintenant Ezra.

- Tu penses à moi ?

- Tout le temps.

Menteuse.

- Dors maintenant et si tu refais un cauchemar cette nuit tu n'as qu'à nous appeler et ton père ou moi nous viendront immédiatement.

- Merci maman.

Je suis un monstre.

Je sortis de sa chambre et descendis en bas où mon chéri nous avait préparés à manger.

- Elle dort ?

- Elle ne devrait pas tarder à le faire. Qu'est-ce que tu nous as fait à manger ?

- Des pâtes bolognaises.

En un instant toutes mes pensées les plus sombres disparurent laissant place au bonheur d'être auprès de mon âme-sœur sachant que j'étais en sureté et en paix ou presque.

Epilogue

S araphine

    - Tu es sûr que tu as tout ?

- Oui Jessica.

Je refermais ma valise après avoir bien vérifié que j'avais tout pris. J'avais décidé un peu sur un coup de tête cet été de faire ma dernière année de lycée en pensionnat et comme mon ancien lycée ne le proposait pas je devais changer de lycée ce qui n'avait pas grande importance pour moi étant donné que mon nombre d'amis se limitait sur les doigts d'une main et encore on pouvait enlever cinq doigts inutiles. Mes parents avaient été un peu surpris de ma décision et pas trop d'accord à me laisser partir loin d'eux surtout mon père, inquiet pour ma sécurité mais vu qu'ils m'avaient éduquée dans l'idée que j'étais maitresse de mes choix je ne leur ai pas vraiment laissé le choix. C'était pourquoi aujourd'hui je faisais ma valise pour ma rentrée avec tout de même un mois de retard. Mon père vraiment inquiet de ma sécurité a conclut le jour qui devait être celui de mon départ, qu'il valait mieux que je reste ailleurs pendant un mois pour retirer de moi leur odeur car il avait fallu que le pensionnant le plus proche soit fréquenté à la fois par des humains et des loups ; j'avais donc passé un mois chez ma tante Jessica qui avait déménagé après avoir fini ses études. Ne souhaitant pas que je sois attaquée à cause de mon lien de parenté avec une autre meute je dus prendre changer de nom ; avec l'accord de la directrice je serais inscrite au lycée Dubois sous le nom de Sara Oton.

- J'espère que ça va aller. Et puis de toute façon je pourrais toujours t'envoyer des choses si tu en a oublié. Oh merde on va être en retard ! Prend ta valise et grouille toi d'aller à la voiture !

Jessica n'avait pas vraiment pas changer depuis que je l'a connaissais, toujours la même c'est-à-dire folle dingue. A aujourd'hui 24 ans elle était plus qu'épanouie, elle avait un appart un job des amis et ne souciait plus de son passé ; comment elle avait fait ? C'était un véritable mystère pour moi. D'ailleurs mes autres oncles et tantes semblaient tous n'avoir rien à faire d'avoir vécu les premières années de leur vie dans un trafic. Seul Isaac et ma mère semblaient être encore affectés par ces horreurs. Bon en même temps Ethan ou Cassie étaient sans doute trop jeune pour se rappeler de quoi que ce soit et ne parlons même pas de Emily qui était un bébé ! Mais Leslie, Tessa, Chloé, Mathieux, Gaspard et Jules qui étaient plus âgés que moi au moment de leur libération ne faisaient plus aucun cauchemar et se semblaient en rien être hanté par leur passé. Moi c'était tout le contraire, j'évitais un maximum le contact physique et social avec les autres et je faisais au moins un cauchemar par semaine. Si seulement je pouvais connaître le secret.

- Mais qu'est-ce que tu fous !

La voix de ma tante me sorti de mes pensées en me faisant sursauter.

- Rien je rêvasse.

- Bouge ton cul !

- Mon dieu Jess je plains tes élèves.

Un sourire étrange apparu sur ses lèvres mais je m'en formalisa pas plus que ça après avoir vu sur la pendule de la cuisine que j'allais vraiment être en retard.

On descendit de l'immeuble à toute vitesse et courut jusqu'à la voiture en jettant ma valise un peu brusquement je l'avoue dans le coffre.

- Dépêche de mettre ta ceinture !

- C'est bon, calme toi.

- Ecoute si jamais tu décède dans un accident de voiture alors que c'est moi qui conduit je suis certaine que si jamais je suis pas déjà morte, j'ai l'entièreté de la meute qui me saute dessus pour me bouffer toute crue ! Et même si j'ai plâtre et bandage !

- Tu exagère, la plupart n'en aurait rien à faire...

Je pensais avoir murmuré assez bas la fin de ma phrase pour que je ne sois la seule à l'entendre mais finalement il fut croire que ce fut pas le cas car Jessica se stoppa d'un coup et se retourna vers moi.

- Ne dis pas ça. Tu fais partie de la meute et si tu mourrais tous en serait beaucoup affecté ! Et pense à tes parents, ils en seraient détruit ! Merde avec tes conneries on va être encore plus en retard !

- Ce n'est pas moi qui t'ai demandé de t'arrêter en plein milieu de la route !

Elle redémarra la voiture et ce reconcentra sur la conduite.

- Sara ta mère t'aime.

- Si tu le dis...

Là j'étais sur qu'elle ne l'eu pas entendu car elle ne releva pas ma remarque.

J'étais complètement dans mes pensées jusqu'à ce que la sonnerie me sortit de ma torpeur. Le visage de ma famille s'afficha et je décrocha avec pour une fois qu'une seconde d'hésitation.

- Maman ?

- Bonjour ma chérie. Je t'avoue que je ne suis pas surprise que tu réponde, il aurait été invraisemblable connaissant ma sœur que tu sois déjà arrivée.

- Ta sœur te remercie pour ce compliment !

Je n'avais même pas remarqué que j'avais actionné le haut parleur.

- Mais je t'en prie Jessica. Sara tu n'es pas trop stressé ?

- Non ça va.

- J'en suis contente. Je dois te laisser mais j'aimerais bien que tu me rappelle ce soir.

Je me connais, je ne le ferais pas.

- Si tu veux.

- Parfait. Ton frère et tes sœurs m'ont dit de te dire que tu leur manquais.

Je souriais en pensant à mes petits monstres que j'adorais ; ils étaient les seul qui avaient le droit à mes câlins.

- Ils me manquent aussi. Dis leur que leur grande sœur le envoie plein de bisous et qu'elle les aime.

- Je leur dirais. Au revoir chérie.

- Au revoir maman.

Ma mère avait été très froide à l'instant et je compris sans difficulté que je l'avais blessée en disant que mon frère et mes soeurs me manquaient et que je les aimais et pas à elle aussi. Il y a déjà huit ans j'eu la chance de devenir la grande sœur du petit Ezra qui était extrêmes adorable, il fut rejoint quatre ans plus tard pas les jumelles Eileen et Ariana, qui étaient de vrai chipie à qui on ne pouvait que leur pardonner à cause de leur mignonnes petites bouilles. Ils étaient les seul avec qui je me montrais sincèrement affectueuse. Je n'eu pas le temps de plus m'attarder sur ce sujet que Jess m'annonça qu'on était arrivé.

- Je vais te déposer en bas des escaliers, tu dois aller directement voir la directrice. C'est le bureau tout au fond du bureau de gauche.

A peine que j'eu récupéré ma valise et refermé le coffre que Jessica repartis à toute allure sans que je puisse lui dire aurevoir. Je me retournais vers le bâtiment qui deviendrait ma maison pour un an.

- Quand il faut y aller, y faut aller.

CPSIA information can be obtained
at www.ICGtesting.com
Printed in the USA
LVHW022306170323
741893LV00036B/1694